Marcos Mazullo

Meu Guru

Prefácio

Richard Blander e John Grinder, partilharam com o mundo a PNL (Programação Neuro linguística) que chamo carinhosamente de "manual do cérebro".

Marcos Mazullo nos brinda com um "manual para vida".

Nesta coleção de artigos de sua autoria a inspiração surge da observação de dezenas de milhares de pessoas que viveram de forma intensa seus treinamentos e formações e do seu cotidiano nestes últimos 10 anos.

Observação realizada em regiões diferentes do Brasil, com suas peculiaridades culturais, bem como em outros países.

Diante dos seus olhos Mazullo teve o privilégio de presenciar pessoas em transformação.

Compreender comportamentos e como eles influenciam os resultados em nossa vida tornou-se uma de suas principais características.

Neste momento que escrevo este prefácio presencio mais uma de suas formações.

Na sua frente estão mais de cem pessoas em busca de autoconhecimento e evolução.

Sua atenção aos detalhes, a cada nova dinâmica, e de como reagem estas pessoas torna-se o elo no que você irá ler.

A generosidade de Mazullo em partilhar este conhecimento é apenas a retribuição ao universo que o dotou de tamanho discernimento.

Antônio Damásio, neurocientista Português mundialmente conhecido, disse em uma entrevista a uma televisão portuguesa o quão mágico era a natureza humana em seu princípio pela partilha.

Exemplificou que uma célula se divide para que possa haver um novo conjunto de células e assim unirem-se a outras formando tecidos e por ai em diante.

Mazullo segue o mesmo caminho e partilha conhecimento, insights e dicas para que você possa refletir e colocar em prática na sua vida.

Foi esta congruência no que dizia e no que realizava em sua vida pessoal e profissional que me chamou a atenção desde o primeiro contato que tive com ele.

E como aprendiz tenho a honra de evoluir a cada vez que estamos juntos.

Um mestre em PNL.

Um amigo para toda vida.

Meu Guru.

Walter Marcos Jr.

Agradecimentos

Só é possível realizar grandes feitos com a ajuda de algumas pessoas e esse livro eu considero um grande feito e assim quero agradecer pela contribuição de várias pessoas que contribuíram direta ou indiretamente para que ele fosse concretizado.

Em primeiro lugar quero agradecer todas as pessoas que passaram pelos nossos treinamentos pois foi aprendendo com cada um deles que me inspirei para escrever os artigos do livro, depois agradecer minha linda esposa Celiane Cabral que com sua sabedoria ia dando os ajustes quando necessário e me inspirando a sempre buscar mais aprendizados. As minhas duas filhas Maria Clara Mazullo e Letícia Mazullo que me escolheram como pai e me deram a oportunidade de ser uma pessoa melhor. As minhas equipes de trabalho por estarem sempre contribuindo comigo para realização de meus sonhos e projetos. A minha produtora Thracy Oliveira que de uma forma competente organizou todo o livro. Ao meu amigo Walter Marcos que me emociona e me ensina com sua capacidade comunicativa e sensibilidade de perceber as pessoas e por fim ao Criador que me permite exercer minha missão de vida com saúde, garra e amor.

APRESENTAÇÃO

O livro Meu Guru pode ser utilizado como uma rica fonte de pesquisa, pois não tem apenas um foco e nem uma única história com começo, meio e fim. Trata-se de uma coletânea de artigos escritos pelo autor ao longo de dez anos de sua carreira e está organizado por categorias para facilitar a leitura do mesmo, sendo que não existe uma sequência lógica de leitura e assim em cada página o leitor encontrará um conteúdo útil para as mais diversas situação vividas tanto no âmbito profissional quanto pessoal.

Existem também as metáforas que foram desenvolvidas com fins terapêuticos e de resolução de conflitos internos e externos, tendo em seu conteúdo uma amplitude que se aplicará subjetivamente no contexto de cada leitor.

O autor também pode ser considerado como um frasista e contemplou você leitor, com algumas de suas mais inspiradoras frases, assim contribuindo ainda mais com o seu desenvolvimento e sua evolução.

Um ótima leitura a todos!

Sumário

DL

(Desenvolvimento e Liderança)

Um espelho chamado DL

"Espelho, espelho meu. Existe alguém como eu?"

Se você está pensando que vou falar do famoso conto de fadas que até hoje encanta as crianças, se enganou.

Pode até ser parecido, porém falarei de algo muito real!

Realizo um treinamento chamado DL (Desenvolvimento e Liderança) no Brasil e na Europa, onde em um final de semana os participantes vivem um processo de autoconhecimento que os permitem identificar comportamentos que estão distanciando-os de seus objetivos e trazendo resultados indesejados.

Um verdadeiro espelho!

Esses comportamentos na maioria das vezes são inconscientes e muitos tornam-se indesejados, mas quando tomamos consciência deles temos a possibilidade de decidir alterá-los ou fortalecê-los.

Porém essa é uma porta que se abre de dentro para fora, e para que realmente aconteçam as melhorias se fazem necessário parar e olhar para dentro de si e buscar as respostas onde elas realmente estão.

Muitos passam a vida buscando respostas externas e/ou nos outros, mas quando se deparam com um espelho na frente percebem o tempo perdido.

No DL aprendemos a ser líderes de nós mesmos e termos mais consciência da influência exercida por nossas emoções em nossos comportamentos.

Quantos de vocês já usaram de maneira inadequada alguma emoção e tiveram comportamentos que se pudessem voltar no tempo fariam diferente? Acredito que todos! Pois essa é uma situação que todo ser humano já viveu ou vive.

Quando treinamos a utilização das nossas emoções dentro do DL nos tornamos mais conscientes da emoção quando ela aparecer e, assim, poderemos decidir qual comportamento utilizar aproveitando a função que ela tem.

Cada emoção que sentimos possui uma função e quando usamos adequadamente essa função os resultados são extraordinários.

Outra pergunta recorrente que faço as pessoas é se elas querem melhorar? E a resposta parece ser óbvia, mas não é.

Pois de maneira consciente todos queremos melhorar, porém para que hajam melhorias na vida de qualquer um é necessário buscar um autoconhecimento e, assim, identificar o que realmente se deseja melhorar. É aí que está o grande entrave para a maioria, pois o autoconhecimento traz desconforto e temos um padrão de comportamento de evitarmos o que nos incomoda.

Mas fugir não vai resultar em melhorias, é preciso mergulhar fundo nesse processo de autoconhecimento e, assim, conhecer essa pessoa tão importante e única, que é VOCÊ.

A impertinência como padrão de comportamento

Desde criança, sempre cultivei um desejo de entender o que faz as pessoas participarem de grupos, clubes e etc. Tive a oportunidade de conhecer alguns presidentes de torcidas organizadas e fã clubes, e isso só aumentou o meu desejo de buscar encontrar esse entendimento.

Morei durante um tempo na Bahia e lá comecei a pesquisar sobre o amor que os torcedores nutriam pelos seus times. Eu queria saber o que fazia essas pessoas se digladiarem ou amarem tanto um time de futebol que, ao meu ver, era apenas uma empresa de entretenimento.

Minhas pesquisas aumentaram ao longo do tempo que passei a conviver com alguns torcedores fervorosos. Fui ao centro da questão e aproveitei os resultados para fazer um paralelo com o que faço profissionalmente.

Para quem está lendo e não conhece o meu trabalho, vou pedir permissão para explicar um pouquinho sobre ele.

Hoje faço parte do INEXH (Instituto Nacional de Excelência Humana), um instituto que tem como missão levar evolução as pessoas, através de cursos e treinamentos com Programação Neorolinguística. O nosso carro chefe é um treinamento de Desenvolvimento e Liderança, que tem como premissa dotar os participantes de ferramentas para serem líderes de si mesmos. O treinamento já é realizado no Brasil e no exterior há vinte anos e mais de 70 mil pessoas já o fizeram.

Durante esse tempo que realizamos o DL formamos também um grupo de Águias (chamamos de águias as pessoas que participam do treinamento) que nos acompanham e fazem com que o DL seja muito mais do que um treinamento e, assim, como nas torcidas de futebol ou fã-clubes as águias torcem, vibram, se emocionam e, principalmente, se sentem parte de algo grandioso, capaz de fazer a diferença no mundo.

Após fazer este paralelo, achei que finalmente havia respondido meus questionamentos que citei no início deste artigo, mas percebi que existiam pessoas que mesmo fazendo parte de um grupo, não se sentiam parte dele e fiquei mais uma vez intrigado e desejoso de descobrir o motivo disso, e passei a observar mais de perto essas pessoas.

Percebi que essas pessoas cultivavam inconscientemente uma sensação de impertinência que ia além de suas compreensões, pois a maioria não conseguia se sentir bem junto do grupo, não conseguia estar por inteiro nas atividades e quando estavam sozinhas ficavam ciclando na ideia de não pertencer ao grupo. E achavam que as outras pessoas estavam sempre julgando seus comportamentos e criticando-os.

Como Psicoterapeuta uso uma técnica que chama-se *Rebirthing*, que significa Renascimento, e ao submeter algumas das pessoas que tinham a impertinência como padrão de comportamento fui descobrindo que haviam aprendido a sentir isso. Alguns aprenderam durante a gestação, sofrendo algum tipo de rejeição por parte dos pais ou na hora do parto vivendo alguma complicação para nascer.

Como falei, essa sensação é completamente inconsciente mas influencia completamente os resultados obtidos por essas pessoas.

Perceber isso é um passo importante, porém mudar essa sensação é necessário para que essa pessoa possa finalmente viver harmoniosamente consigo e com os outros, podendo viver plenamente as coisas e conectado com a própria essência.

Cuidado com os coitadinhos

Pare um pouco e observe ao seu redor, veja quantas pessoas próximas a você se fazem de vítima o tempo todo.

Provavelmente serão muitas, pois o mundo está cheio dessas pessoas que "se vitimizam".

Essas pessoas normalmente vivem os extremos, são amáveis ou ranzinzas, educadas ou grosseiras, divertidas ou chatas. Mesmo sendo assim, com um jeito muito peculiar, elas nos fazem sentir "pena" e, assim, cedemos ao padrão de comportamento delas.

Reconhecer um "coitadinho" é fácil! E ao encontrá-lo, saiba que não estará ajudando ao aceitar seu comportamento, defendendo a pessoa e passando a mão em sua cabeça.

Ao invés de fazer isso, mostre à pessoa o padrão de vítima que ela vive, pois, em muitos casos, ela não tem consciência desse comportamento e se sente realmente como tal.

Realizo um treinamento de autodesenvolvimento, e muitas pessoas chegam com esse padrão de comportamento, tentando persuadir a todos, buscando ser acolhida com parcimônia. Tratam-se de pessoas que em algum momento da vida aprenderam que se comportar assim gera ganhos e quando querem algo repetem o padrão. Dentro do DL, além de não reforçarmos o comportamento de vítima dessas pessoas, mostramos através de atitudes que existirá um ganho muito maior caso ela adote um comportamento diferente e seja de fato o líder da própria vida.

Lembro-me de um caso emblemático de uma senhora que chegou no DL toda travada emocionalmente e fisicamente. Com fobias a praticamente tudo e que além de sofrer, fazia todos ao seu redor sofrerem juntos. Ao sair do treinamento deu uma virada na vida e hoje, é admirada pela superação.

Você que lê esse artigo e que identificou algumas pessoas ao seu redor com esse padrão de comportamento, faça também uma autoanálise e perceba se tem esse comportamento de "coitadinho" e se tiver o convido a modificá-lo e, assim, passar a ser de fato o líder da sua vida.

Quando decidimos viver harmoniosamente, brilhando e tendo êxitos, tudo que está ao nosso redor se transforma e, através de nosso exemplo, conseguimos influenciar outras pessoas a quererem uma vida plena.

O maior de todos os sentimentos

Realizo um treinamento de desenvolvimento e liderança, e quem vive o treinamento tem um ganho para vida inteira, o que mais ouço depois do treinamento é "muito obrigado". Costumo falar para as pessoas que não devem me agradecer antes de agradecerem a si mesmas, pois é preciso se permitir viver um treinamento de evolução pessoal e profissional.

Em minha opinião, um dos sentimentos mais nobres que o ser humano pode cultivar é a gratidão. Se você parar e pensar, tem muitos motivos para sentir-se grato.

Grato pela dádiva que recebeu do Criador que é viver, por todos os esforços que seus pais ou alguém tão importante quanto eles fizeram para você chegar aonde chegou, mesmo que do jeito deles. Pelas pequenas coisas que nos fazem felizes cotidianamente, pela família que você tem, a oportunidade que você se dá para buscar conhecimento, seja lendo livros, revistas, blogs ou vivendo seminários, cursos e palestras. Aos amigos que tem, mesmo aqueles mais distantes ou até virtuais, mas que estão sempre ali para te ouvir e dar boas risadas juntos. E por todas as experiências que viveu, pois elas foram de uma forma ou de outra te ajudando a ser a pessoa que você é.

Viu como você tem muitos motivos para ser grato?

Casais inteligentes evoluem juntos!

O especialista em Inteligência Financeira Gustavo Cerbasi acredita que casais inteligentes enriquecem juntos, mas acredito muito que antes de buscarem a riqueza, devem buscar evoluírem juntos. A riqueza vem como consequência!

Evoluir juntos significa construir um relacionamento buscando melhorar dia a dia em todos os aspectos da vida.

A Organização Mundial de Saúde divide a saúde do ser humano em cinco áreas, sendo elas: Saúde Física e Mental, Saúde Familiar, Saúde Intelectual, Saúde Social e Saúde Financeira.

É muito comum encontrar pessoas que estão muito bem em algumas áreas e em outras estão precisando melhorar. E isso traz infelicidade e desequilíbrio nos relacionamentos.

Realizo um treinamento de Desenvolvimento e Liderança pelo Brasil e Europa, e quem vive o treinamento, pelos resultados que tem, quer logo que o parceiro viva também a mesma experiência, o que nem sempre acontece, devido à resistência do outro. Mas quando o casal vive a mesma experiência e trilham juntos um caminho de evolução, os resultados saltam aos olhos e fica muito evidente o equilíbrio nas cincos saúdes. Os desafios do dia-a-dia continuam, mas ambos possuem ferramentas e lidam com esses desafios com tranquilidade e as soluções parecem mais simples e fáceis. Outro aspecto que melhora muito é a comunicação, pois passam a viver em sintonia e um dentro do universo do outro!

Evoluir juntos significa estarem no mesmo nível de equilíbrio, nem mais e nem menos com relação ao outro, e isso vale para todo casal e em qualquer ponto do relacionamento. Lembre-se de que a individualidade deve existir dentro de um nível respeitável, mas a complementaridade é que os tornam um casal.

Portanto, desejo aos casais que busquem sempre evoluir juntos!

Pessoas são pessoas em qualquer lugar e buscam sempre estados essenciais de evolução

Neste momento escrevo essas linhas em Portugal com uma turma do treinamento DL (Desenvolvimento e Liderança), que realizo já a mais de oito anos no Brasil.

Quando fui convidado a realizar o treinamento na Europa fiquei me perguntando se o resultado seria o mesmo sucesso que tenho no Brasil e comecei a imaginar mil coisas. Daí percebi que eu estava sofrendo por antecipação e como sofrer por antecipação é no mínimo sofrer duas vezes, parei e resolvi deixar acontecer e curtir os aprendizados.

A experiência está sendo mágica e estou me deliciando com cada aprendizado! Os portugueses que aceitaram o desafio de viver o DL estão me ensinando muito e vou sair daqui uma pessoa melhor do que quando cheguei.

O treino, como eles chamam, é um grande momento de autoconhecimento e quando nos permitimos conhecer a pessoa que deve ser a mais importante no mundo para nós, temos ganhos fantásticos, pois conseguimos identificar pontos que podemos melhorar ou os que queremos continuar.

Muitas pessoas passam a vida querendo melhorá-la, porém passam o tempo todo focados no outro e nunca voltados para si, e quando têm a oportunidade de perceber isso é uma enorme transformação.

Talvez um dos maiores aprendizados que levarei daqui é que "pessoas são sempre pessoas", não importa de onde são, nem onde vivem. Elas estão sempre buscando estados essenciais de evolução como paz, abundância e amor e esses estados essenciais só encontramos dentro de nós mesmos.

Você já chegou no topo? Então pule!

Essa semana tive a honra de realizar o treinamento DL (Desenvolvimento e Liderança) para uma turma bem especial e foi cheia de muitos aprendizados.

São grandes líderes que chegaram a um patamar bem elevado na vida profissional e isso para muitos era motivo de alegria e até mesmo orgulho.

Diante dessa oportunidade busquei aprender com as mais variadas situações vividas e uma das reflexões que tive maior aprendizado foi exatamente sobre o fato de chegarmos ao topo da carreira profissional. O que isso representa para nós enquanto seres humanos?

Muitos ao chegarem nesse topo, param e passam a viver uma vida aparentemente tranquila, porém quando se deparam com as outras áreas da vida percebem que o sucesso profissional não representa uma vida plena, pois existem outras áreas que merecem cuidados também.

Dentro do DL trabalhamos para que o treinando saia com um projeto de vida, com estratégias definidas para organizar as cinco saúdes que temos, de acordo com a orientação da Organização Mundial de Saúde.

Essas saúdes são: Física/Mental, Familiar, Social, Financeira e Intelectual.

Quando se possui um planejamento bem definido, com estratégias contemplando todas as saúdes, fica mais fácil de fato chegar ao topo de uma forma plena, porém ao estar nesse tão sonhado patamar da vida é preciso iniciar novos ciclos de evolução e realização, pois somos seres em evolução contínua e devemos aproveitar o tempo que nos foi concedido para buscarmos evoluir e levar evolução às pessoas durante toda nossa existência.

Você que lê este artigo, pergunto-lhe: Já chegou ao topo do sucesso em sua vida? Então pule de volta a base, busque novos desafios e, assim, terá novos aprendizados.

Aproveite essa dádiva chamada VIDA, pois enquanto houver um sopro dela dentro de você será sempre uma oportunidade de viver com sucesso, abundância, prosperidade, felicidade, amor e equilíbrio.

Coaching

Você já deve ter ouvido falar em Q.I e Q.E, mas Q.A você sabe o que é?

Antigamente dentro das empresas realizavam-se testes para descobrir o Q.I (Quociente de Inteligência) dos funcionários, servindo até como ferramenta de avaliação na hora de contratar. Nos anos 90, começou-se a falar do Quociente Emocional (Q.E) e passaram a valorizar o profissional que desenvolvia a habilidade de utilizar bem as emoções.

Hoje não basta desenvolver apenas a Inteligência Emocional, pois vivemos na era em que a competitividade e a pressão por resultados está cada vez maior. O conceito de alta performance nunca foi tão utilizado como hoje. É só você observar o que acontece na indústria automobilística, onde a cada três meses o número de modelos de carros dobra e esses novos modelos são criados com *designers* e tecnologias superiores aos anteriores. É exatamente o conceito de alta performance, pegar o que já está muito bom e melhorar ainda mais!

Mas junto a essa competitividade exigida no mercado, surgiu uma nova demanda para os profissionais, que é a capacidade de resiliência, ou seja, de lidar com os problemas e com as adversidades. O Q.A (Quociente de Adversidade) é algo fundamental nos dias de hoje, não só para se destacar, mas também para sobreviver.

No Brasil, vivíamos uma instabilidade econômica no passado, e o Q.A era naturalmente desenvolvido pelos profissionais, pois era adversidade em cima de adversidade. Mas hoje com a estabilidade da economia, o que antes acontecia naturalmente não acontece mais, os profissionais precisam recorrer a outras formas para adquirir o Q.A. Muitos estão buscando em treinamentos intensivos, outros buscam o auxílio de um *Coach*, um profissional que auxilia no processo de adquirir ferramentas para desenvolver o Quociente de Adversidade.

Muitos presidentes de empresas têm ao seu lado um *Coach*, pois quanto mais alto o cargo, mais sozinho o executivo se encontra nas adversidades e tem que empreender ações para que sua equipe possa passar pelos problemas enfrentando-os com motivação e equilíbrio.

O *Coach* não diz o que o executivo deve fazer, não o aconselha e muito menos serve como terapeuta, pois sua função é ajudar o seu *Coachee*, nome dado ao cliente, a encontrar o próprio caminho e para isso irá recorrer a várias ferramentas de *Coaching*, e esse processo tornara-se mais efetivo quando o *Coach* tem o conhecimento sobre Programação Neurolinguística, a PNL.

Conheci um jovem empresário que havia herdado o patrimônio do pai, já que o mesmo havia falecido, e o jovem era filho único, mas o mesmo não tinha maturidade para tamanha responsabilidade. Fomos então em busca de desenvolver características e ferramentas para que o jovem pudesse assumir os negócios da família. A primeira coisa que tivemos que fazer foi uma imersão para que o mesmo pudesse reconhecer em si os padrões de comportamentos que pudessem atrapalhá-lo na sua missão, para daí termos um ponto de partida.

Encontramos no meio do caminho um padrão de comportamento de fuga dos problemas e um nível de tolerância baixíssimo diante dos obstáculos. Esse foi um excelente começo, pois assim conseguimos ressignificar esses comportamentos adquiridos durante sua infância e já alteramos alguns resultados. O jovem empresário ainda terá um caminho constante de autoconhecimento e evolução contínuo, e o passo mais importante para isso foi dado.

E você que está lendo este artigo, como age nas adversidades que a vida lhe impõe? Tomar consciência fará toda a diferença na sua vida!

Você sabe o que é Alta Performance?

Comecei a ouvir falar sobre alta performance ao estudar *Kaizen*, conceito que se aplicavam às empresas japonesas desde os anos 50. *Kaizen* é uma palavra japonesa que significa melhorar algo e tem como premissa a busca da melhoria contínua.

Este conceito rompeu as paredes das empresas, e hoje se trabalha a alta performance em praticamente tudo, aplicando-se até mesmo na vida pessoal e profissional.

O conceito é simples, porém exige muita disciplina e autoconhecimento!

Para aplicar o conceito em sua vida é preciso saber de onde partir e para onde se deseja ir, vamos fazer um exercício rápido que te ajudará nesse início.

Pegue uma folha de papel A4 e divida-a no formato de pizza, colocando as principais áreas de sua vida para determinar o ponto de partida.

Coloque em cada área como você está hoje, e para isso seja bem honesto! Depois veja o que você quer melhorar para determinar onde você quer chegar. Nesse momento algumas regras básicas são necessárias como:

1. Não precisam ser grandes TRANSFORMAÇÕES, pois saiba que a somatória de pequenas TRANSFORMAÇÕES é que geram uma grande TRANSFORMAÇÃO, e o conceito de *Kaizen* nos incentiva a melhorar pelo menos 1% por dia.

2. Foque na área que vai te dar maior prazer ao alcançar melhorias, para depois passar às outras áreas.

3. Jamais compare os resultados da sua melhoria contínua com o resultado de outros.

4. O processo deve ser simples e prazeroso, caso contrário se tornará um fardo e é provável que você pare o processo.

Se você alcançou o que desejava continue buscando melhorar, pois sempre haverá espaço para a alta performance.

Estamos vivendo uma era em que só existe uma certeza: a mudança, e acredito muito que essas mudanças podem ser benéficas e trazer grandes resultados, desde que eu esteja aberto e olhe para elas como espaços de melhorias.

Para completar o aprendizado, vou propor um desafio a você. Ao começar o dia pergunte-se: O que eu fiz ontem que posso fazer melhor hoje? Como já falei, não precisa ser uma grande ação! Pode ser voltar para casa depois do trabalho, buscando ver mais detalhes da sua rua ou dedicar mais tempo àquela atividade que te deu prazer ontem e etc.

A alta performance se consegue quando buscamos sempre melhorar o que supostamente já está bom.

Você tem algum sonho? Sabe a distância de onde você está hoje para esse sonho?

Com certeza você deve ter alguns sonhos ou objetivos, o que muitas vezes acontece é que a maioria das pessoas não sabe formular bem esses sonhos ou objetivos.

Existe um ditado que diz: *"Se você não sabe para onde quer ir, qualquer lugar serve"*, quando se tem bem definido os sonhos e objetivos fica mais prazeroso e mais fácil atingi-los.

Um bom objetivo deve ser sempre colocado no positivo, ou seja, é preciso determinar o que se quer.

Um exemplo: "Quero ser uma pessoa mais assertiva."

Parece óbvio isso, mas não é! Pois muitas pessoas ao declararem seus sonhos ou objetivos dizem o que não querem.

Um exemplo: "Não quero que as pessoas me ignorem."

Outra coisa importante é que seu objetivo precisa ser específico, pois quanto mais você for específico mais próximo do seu sonho você estará.

Um exemplo: "Quero ser assertivo com minha equipe na próxima reunião, para que eles possam cumprir as metas desse mês."

E para complementar lembre-se que seu objetivo deverá ser uma ação sua e que dependa somente de você para realizá-lo.

Pronto, seu objetivo já estará bem formulado! Mas e agora? O que devo fazer para alcançá-lo? Existem outros fatores que podem ajudar ou impedir você de realizá-lo, e um deles é o quanto esse sonho ou objetivo está alinhando com seus valores, pois caso contrário será um sacrifício enorme tentar alcançá-lo e mesmo que alcance será insuficiente para se sentir satisfeito com o sonho realizado.

Existe hoje no mercado um profissional que está sendo muito requisitado por pessoas e empresas, eles contribuem na hora de alcançar sonhos e objetivos, é o *Coach*.

Um profissional de *Coach* ajudará o seu *Coachee* a encontrar um caminho lógico e seguro para alcançar seus sonhos e objetivos, através de um processo de alinhamento entre sonhos e valores. O *Coach* ajuda o *Coachee* a desenvolver um planejamento estratégico dos sonhos, bem como a execução desse planejamento.

Trata-se de uma excelente forma para alcançar seus sonhos e objetivos, mas lembre-se o *Coach* não fará nada por você além de te ajudar a encontrar os caminhos, mas todas as ações deverão ser realizadas por você, afinal de contas o sonho é seu.

Você é o único responsável pelos seus resultados!

Essa semana quero que você observe sua vida e seus resultados, veja quais resultados você está tendo que são positivos e quais os que não são.

Seja ele o resultado que for, parabéns! Você é o grande responsável por eles estarem acontecendo. Essa afirmação pode parecer um pouco dura, mas é a mais pura verdade.

Henry Ford disse certa vez que: "Se você acredita que pode ou que não pode, as duas afirmações estão corretas."

Vejo pessoas reclamando e culpando os outros pelos resultados indesejados e vivem em um círculo vicioso de problemas, escassez e mazelas, e quando olham alguém do lado com resultados diferentes, vivendo em abundância, com soluções para os problemas e uma vida harmonia atribuem a uma coisa chamada de sorte.

Para mim, a sorte somos nós que escolhemos tê-la, pois quando conseguimos algo que possa parecer ter vindo do acaso, não foi. Alguém foi responsável por termos conseguido esse algo e esse alguém somos nós.

Quando almejamos algo, seja de maneira consciente ou inconsciente, geramos um desejo tão ardente que é capaz de emanarmos energias e atraímos o que estamos obtendo.

Você pode me questionar: "Mazullo como posso desejar aquilo de ruim que me aconteceu?" Eu digo que de alguma forma você desejou, mesmo que tentando afastar de você aquilo, ainda assim, você o atraiu e trouxe-o para sua vida.

Tem pessoas que evitam ter seus bens subtraídos, porém o que essa pessoa mais pensa é nisso e segue o dia todo conversando sobre outros conhecidos que passaram por esse problema, o quanto a cidade e o bairro está perigoso, as notícias que busca estão sempre voltadas para esse foco e vai construindo, mesmo que inconscientemente, a situação temida e o resultado é alcançado.

Quando acreditamos que somos os verdadeiros responsáveis pelos nosso resultados, ficamos mais atentos aos nossos pensamentos, pois eles geram sentimentos que por fim acabam se materializando em comportamentos.

Por isso fique mais atento a sua vida, traga de fato para sua mão a rédea dela, construa ao seu redor um círculo virtuoso de coisas positivas e aja, pois desejo sem ação é devaneio.

Cuide também para que as pessoas que estão ao seu redor acreditem que elas são as responsáveis pelos resultados gerados na vida delas, principalmente, aquelas que você mais convive e nutre um sentimento maior de amor.

Se tivermos mais pessoas com essa consciência teremos menos conflitos e mais colaboração para um mundo melhor. Acredite isso também só depende nós!

Você daria um "presente de grego" a quem ama de verdade?

Faça uma lista das pessoas que você ama de verdade e, em seguida, pense em um presente que daria a elas.

O que te vem à cabeça com relação a cada um de sua lista? Quais os primeiros pensamentos?

Esse pequeno exercício serve para que perceba o quanto ama cada uma dessas pessoas e, principalmente, o valor que elas têm para você.

Todos temos aquelas pessoas que contribuem em nossa vida para nosso desenvolvimento e isso se dá desde o início.

Sejam nossos pais, irmãos, avós, outros parentes, professores, vizinhos e amigos, cada um deu sua contribuição para que você se tornar-se a pessoa que você é!

O que essas pessoas merecem por isso? Será que aquilo que você pensou no exercício acima está realmente de acordo com a contribuição que ela deu para sua vida?

Ou será que podemos chamá-lo de "presente de grego"?

Outra coisa fundamental e que nos permite saber mais o que temos como importante, é se os presentes que pensamos são coisas materiais, pois os presentes que pensamos são escolhidos de maneira inconsciente e se os escolhemos é porque temos eles registrados como algo importante e aquilo que é bom para a gente queremos compartilhar.

Agora vem o outro lado da história: Quando as pessoas que amam você te dão um presente, o que você pensa? Qual é o sentimento que você tem ao recebê-lo?

Preste atenção às suas respostas mais íntimas e não àquelas que você diz ou demonstra a quem te deu o presente.

Eu particularmente dou presentes com muito amor e carinho e recebo também com muita alegria e gratidão, pois tenho como um dos meus "rituais" de sucesso celebrar e compartilhar as coisas boas da vida.

Outra pessoa que acredito merecer um grande presente seu é você mesmo, pois não pode existir alguém mais importante no mundo para você. As outras são importantes, porém só será possível dar o devido valor que elas merecem se você valorizar a si em primeiro lugar.

Construa ao seu redor um mundo de amor e carinho e viva uma vida harmoniosa, plena e feliz!

Tudo é uma questão de estratégia

É domingo de manhã. Você acorda e levanta da cama para tomar seu café e encontra as pessoas que moram na sua casa, olha para cada uma delas e sente que algo precisa mudar, pois você não aguenta mais essa velha rotina.

O dia vai passando e sua cabeça não consegue pensar em nada, a não ser na vontade de mudar algo. Muitas dúvidas começam a surgir e cada vez mais surgem perguntas sem respostas. O que eu tenho que mudar? Como faço isso? Será que eu serei capaz? E se as pessoas me atrapalharem? Mesmo diante de tantas dúvidas, uma certeza é inerente: A vontade de mudar!

Se você já viveu essa situação descrita acima ou está vivendo, saiba que você é normal e que a maioria das pessoas vivem o mesmo dilema.

Para resolver esse seu desejo de mudança, costumo dizer que tudo é uma questão de estratégia e, sendo assim, a solução é possível.

Na sua opinião, o que é preciso fazer inicialmente para melhorar algo? Quando faço essa pergunta a maioria das pessoas respondem: Ter vontade!

E você também respondeu isso?

Mais uma prova de que você é normal, porém só vontade não é suficiente, pois a maioria também tem essa vontade mas não consegue alcançar seus objetivos, principalmente, responder facilmente a demanda de mudança.

O princípio básico para se melhorar ou mudar algo, inicialmente, é você conhecer o que deseja mudar ou melhorar, ou seja, conhecer VOCÊ.

Conhecer o estado atual, PRESENTE, e depois determinar o estado desejado, FUTURO.

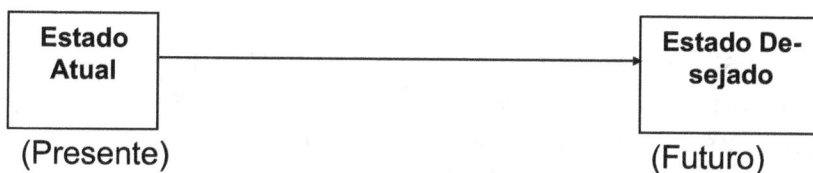

Estado Atual	→	Estado Desejado
(Presente)		(Futuro)

O que irá fazê-lo sair do seu estado atual para o seu estado desejado, em segurança e com grandes possibilidades de sucesso, será uma boa estratégia. Mas se você não tem uma definida não tem problema, você pode buscar modelos para que possa então utilizar as estratégias deles e, assim, alcançar os seus objetivos.

Ao buscar modelos, você deve escolhê-los de acordo com a área de atuação de cada um e se as estratégias deles são congruentes com o seu objetivo.

Um bom exemplo é um filho que quer abrir um empreendimento e tem como modelo o pai que é funcionário público. Não há nada de errado em ter o pai como modelo e muito menos um funcionário público, mas talvez o mesmo será um excelente modelo para quem quer passar em um concurso e trilhar a carreira de funcionário público.

O fato é que tudo o que se deseja ou tudo o que fazemos se antes definirmos uma estratégia as chances de obter êxito aumentam. Pensar estrategicamente é buscar os detalhes que fazem a diferença, sem abrir mão do todo. Usar da melhoria contínua sempre, pois nada é tão bom que não se possa melhorar e para isso é só uma questão de estratégia.

Sete fatores fundamentais para uma vida feliz

Olá! Se você está lendo este artigo é porque existe um desejo dentro de si de ser feliz e isso é muito bom e saiba que você não estar sozinho, pois todos os seres humanos desejam ardentemente serem felizes e cada um busca a felicidade a seu modo.

Descrevo os sete fatores que me ajudaram a encontrar a verdadeira felicidade e mantê-la em minha vida.

1) Autoconhecimento: Quanto mais eu me conheço, mais encontro pontos de melhorias e, assim, cumpro minha verdadeira missão que é a de evoluir e ainda posso contribuir com a evolução de mais pessoas a minha volta.

2) Livrar-se dos traumas: Um dos maiores traumas que o ser humano viveu foi o próprio parto, pois foi quando nasceu que se deparou com uma experiência dolorosa, sofrida e, até mesmo, decisiva na formação da sua personalidade. Independente da forma como você veio ao mundo ela poderá influenciar toda a sua existência e livrar-se desse trauma é encontrar esse momento, de forma consciente, dando significados diferentes do que foi dado quando realmente aconteceu e para isso existem técnicas de Renascimento que permitem você fazer isso.

3) Transformar crenças limitantes: Temos um sistema de crenças que nos move, seja para frente ou para trás, que foi formado ao longo da nossa vida. Algumas adquirimos com base em nossas experiências vividas, outras são herdadas de pessoas que exerciam algum tipo de poder pessoal sobre nós como os nossos pais, professores ou, até mesmo, amigos que admiramos. Porém a grande maioria dessas crenças estão nos limitando e atrapalhando alcançarmos melhores resultados.

4) Realize seus sonhos: Uma das coisas mais motivadoras que podemos fazer é realizar os nossos sonhos, principalmente, os da infância, pois esses são os que mais influenciam a nossa felicidade. Recentemente, pude mais uma vez viver uma regra de ouro, pois acalentava o desejo desde criança de conhecer o parque *Beto Carrero World*, pois nasci e cresci em uma cidade do nordeste brasileiro, chamada Teresina, que fica distante do parque e eu era de uma família pobre, eu só o via pela TV, e esse sonho parecia que iria ficar no plano da fantasia e imaginação. Porém minha condição hoje é bem diferente da minha

infância e como falei fui ao *Beto Carrero* e pude comprovar o quanto se faz necessário realizarmos nossos sonhos para sermos felizes.

5) Cultive a gratidão: Todos temos uma escala de valores que norteiam nossa vida e essa escala obedece uma hierarquia, e na minha em primeiríssimo lugar está a GRATIDÃO. Tenho muitos motivos para agradecer e o faço o tempo todo, seja ao Criador que me permite viver a vida que eu escolhi, aos meus pais que contribuíram me concebendo, a todos os meus familiares e amigos que fazem parte dessa construção da minha felicidade e, por fim, a mim, pois sou o maior responsável por tudo o que vivo.

6) Seja flexível: Uma das maiores sabedorias que aprendi ao longo da minha formação foi que: *"O elemento controlador de um sistema, será sempre o mais flexível."* Qualquer que seja a situação, quando flexibilizamos temos a possibilidade de controlar a situação, pois conseguimos enxergar o que está acontecendo por outro ângulo e com uma perspectiva diferente da que imaginávamos.

7) Equilibre sua mente com o seu corpo: Existe um provérbio que diz: "Uma mente sã num corpo são"[1]. Para que haja equilíbrio em sua vida é preciso cuidar do seu corpo para que ele funcione, portanto tenha respeito por ele e ame-o cuidando para que seja sempre saudável, pois ele é a sua morada. E faz parte de um sistema interligado com sua mente que, por sua vez, domina seu corpo e por isso precisam estar em perfeito equilíbrio.

Esses fatores são um conjunto em que a soma deles me permitiu ter uma vida saudável e como consequência vivo uma vida feliz e plena. Não sei até onde eles podem te levar, mas tenho certeza que será para um lugar muito especial, o seu próprio EU.

---

[1] O provérbio latino *"mens sana in corpo sano"* é uma famosa citação latina, derivada da Sátira X do poeta romano Juvenal, presume-se entre 509 a.C. – 27 a.C.

São os detalhes que fazem a diferença

Eu era um garoto quando ouvi um palestrante falar sobre os detalhes e sua importância, não me recordo agora o seu nome, mas a sua metáfora eu gravei bem. Ele pediu para que imaginássemos uma grande caixa d'água e me lembro que eu imaginei uma gigante e, logo em seguida, ele pediu para que fizéssemos um pequeno furo na caixa para que pudéssemos perceber como um pequeno furo poderia fazer toda a diferença, mesmo que a caixa d'água fosse enorme.

Aquela metáfora foi tão poderosa em me mostrar a importância dos detalhes que até hoje lembro dela e os efeitos que ela me trouxe.

Muitas pessoas estão em suas vidas querendo grandes transformações, porém para que haja uma grande transformação, antes se fazem necessárias pequenas transformações e a somatória delas é que irão se transformar em uma grande transformação.

Outra boa metáfora é você olhar uma grande e frondosa árvore. De onde que ela veio? De uma pequena semente que comparada a árvore hoje passou a ser apenas um detalhe, mas que fez toda a diferença.

Somos naturalmente forçadas a não perceber os detalhes, pois nosso cérebro filtra o que é importante para nós, descartando as outras coisas.

Faça um pequeno exercício: olhe ao seu redor rapidamente e veja o que conseguiu realmente ver. Dê uma outra olhada, só que agora buscando perceber mais coisas, e a cada vez que você olhar, perceberá sempre algo a mais.

Pratique mais esse exercício até você treinar o seu cérebro para buscar os detalhes e o resultado será surpreendente.

Mas cuidado para não cair na armadilha de se tornar uma pessoa metódica e, assim, ao invés de ter benefícios, você passará a viver em conflitos eternos e isso passará a ser um fardo.

Pessoas metódicas de mais tornam-se chatas e inflexíveis, vivem o tempo todo buscando falhas e não conseguem se sentir satisfeitas com nada.

Isso também faz parte dos detalhes, pois os resultados que obtemos são termômetros para sabermos o que e como estamos fazendo as coisas, e perceber rapidamente isso nos permite corrigir a rota que tomamos, se for o caso.

Depois de ler o texto, quero ver o quanto você presta atenção aos detalhes, para isso responda quantas vezes você leu a palavra detalhe? Deixe para contar depois que responder e, assim, conferir o resultado.

Se você não acertou, não se preocupe, pois de dez pessoas que testei somente uma acertou, mas treine, pois fará muita diferença em seus resultados.

Quem está ao seu lado nesse momento?

Pare um pouco agora e pense nas pessoas que estão ao seu redor!

Quem são essas pessoas? Que distância elas estão de você? O que essas pessoas estão fazendo e como estão fazendo? As ações delas o influenciam de alguma forma?

Ao responder essas questões ou outras que talvez você queira acrescentar, poderá perceber o seu átomo social e, assim, definir estratégias de como lidar com cada uma dessas pessoas.

O fato é que temos pessoas ao nosso lado que nos impulsionam, inspiram e motivam a sempre querer melhorar, mas também temos pessoas que fazem o contrário, nos tiram a energia e nos atrapalham.

Tomar consciência de quem está ao seu lado ajudando ou atrapalhando, vai lhe permitir tomar decisões com relação ao seu átomo social.

É necessário perceber qual referencial é mais importante para você, pois caso o seu seja externo, a influência do outro terá impacto maior na sua vida, e usar o átomo social se torna imprescindível.

Se o seu referencial mais importante seja o interno, ainda sim o átomo social se faz necessário, pois assim você poderá perceber que tipo de avaliação está dando as pessoas.

Algumas pessoas quando falo isso dizem logo: "Eu não me deixo influenciar pela opinião dos outros", mas quando vamos observar na prática é totalmente o inverso do que diz ou acredita.

Saiba que não tem nada de errado o seu referencial ser o externo, desde que não o atrapalhe a tomar decisões ou mexa com sua autoestima.

Nos cercar de pessoas que tragam energia positiva, sensações de prazer e alegria, afastando pessoas negativas, irá nos permitir criar um ciclo virtuoso em nosso átomo social.

Estamos vivendo a era da transmissão, ou seja, a quem mais o que você faz é importante, seja no trabalho, na sua família ou nos seus ambientes sociais.

Pense nisso e cuide das pessoas que estão ao seu redor em todos os sentidos!

Quantos anos você tem?

Não se preocupe, eu não estou sendo indiscreto em perguntar sua idade cronológica! O que pretendo aqui é que faça uma reflexão sobre a diferença dos anos que você tem para os pensa que tem.

Existem pesquisas que indicam que temos três idades. A idade cronológica, aquela que organizamos desde o nosso nascimento, a que o nosso corpo físico vai adquirindo e a idade que nossa mente possui.

Para algumas pessoas essas diferenças causam temores, inseguranças ou até depressão. Mas para outros essa diferença é uma dádiva e uma oportunidade de sempre se renovar, já que a idade mental é a mais importante e às vezes determinante nas demais.

Você já deve ter ouvido alguém falar que *fulano* é infantil ou que *beltrano* é muito adulto, mesmo que suas idades cronológicas não correspondam com seus comportamentos. O fato é que grande parte dos comportamentos que temos, adquirimos na infância e de uma forma inconsciente vamos reproduzindo esses comportamentos ao longo da vida.

Se na sua infância você foi programado para agir de forma madura ou como uma criança, é assim que vai se comportar, mesmo que de maneira inconsciente.

O que sugiro é que antes de julgar o seu comportamento ou o das pessoas a sua volta, saiba que todo comportamento tem uma intenção positiva e ele foi útil quando foi criado ou adquirido.

Essas duas afirmações trazem uma possibilidade de lidar melhor com esses comportamentos, sejam seus ou das pessoas a sua volta. Porém não significa que você ou as pessoas tenham que continuar a se comportar da maneira que estão se comportando, pois o que vai determinar a necessidade de mudar o comportamento é o resultado que está obtendo.

Como estamos falando de comportamento não significa que você seja assim, mas que está se comportando assim e que pode modificar na hora que desejar. Não estou aqui dizendo que vai ser tarefa fácil, porém é absolutamente possível e o primeiro passo é você prestar mais atenção nos comportamentos e resultados que está gerando na sua vida, pois eu só consigo modificar o que conheço.

Ative seus sentidos, percebendo mais, ouvindo mais e enxergando mais e encontre o que deseja alterar ou continuar.

Use bem as suas três idades, crie estratégias para usufruir de cada uma delas e, assim, poderá viver de maneira saudável e ecológica.

Qual o limite?

Para muitos essa pergunta é o início de um estímulo para se alcançar algo, para outros é o prelúdio de uma ação inversa ao que se deseja.

Mas você pode estar se perguntando: Limite de quê?

Boa pergunta! E a resposta será melhor ainda quando você for capaz de encontrá-la usando suas próprias experiências e resultados obtidos.

Ouvi um professor dando uma entrevista super entusiasmado e afirmando que em sua vida não ia para trás nem para pegar impulso. Achei interessante essa afirmação!

Imagine você recebendo uma missão e ao começar a realizar percebe que da forma como está fazendo não conseguirá cumprir os prazos acordados. O que você faz?

A afirmação do professor que falei acima pode ajudar na sua tomada de decisão! Porém para avaliar o percurso e o destino desejado poderá ser necessário voltar para dar um novo impulso.

 O fato é que mesmo aquelas pessoas que acreditam não ter limites e agem de maneira entusiasta em tudo o que fazem, podem em algum momento da vida chegar em um limite necessário para poder continuar alcançando o que desejam ou até mesmo evoluírem em sua condição humana.

Saber qual o limite para avaliar, corrigir e continuar vai ajudá-lo a obter melhores resultados.

Pelo menos eu tentei!

Imagine você recebendo algo para fazer, que aparentemente é muito difícil de realizar, o que você pensa? A maioria das pessoas que pergunto reponde: Vou pelo menos tentar!

Daí eu pergunto-o: Você acha que só tentar adianta?

Não adianta! Pois tentar não existe. Faça o seguinte teste: tente pegar agora no seu monitor. Você tem duas coisas para fazer, pegar no monitor ou não pegar.

Vejo pessoas de todos os lugares com essa crença de que deve-se pelo menos tentar, mas saiba que isso vai torná-lo um fracassado. Napoleão Hill, em um de seus mais inspiradores textos, coloca que "se você faz as coisas pela metade, você será um fracassado".

Uma das características mais presentes na vida de uma pessoa fracassada são as justificativas. Geralmente são pessoas que justificam tudo até quando realizam as coisas precisam justificar como realizaram. E acredite, justificativas só atrapalham, pois elas afastam de você qualquer possibilidade de melhorar ou aprender com o resultado gerado, seja ele qual for.

Mas ao ler este texto talvez você esteja pensando: "Mazullo pior é não tentar!". Essa é outra justificativa usada para reforçar a primeira e não ajudará em nada.

Uma crença melhor será: O bom é fazer!

Determine-se a começar as coisas e concluí-las, desafie-se a sempre realizar mais do que se espera ou até mesmo do que você imagina que é capaz.

Pratique sua observância consciente sobre o que pensa, sente e faz quando recebe alguma atividade para fazer, pois assim vai poder perceber o que de fato está realizando ou deixando por fazer.

Muitas vezes esse comportamento de apenas tentar é absolutamente inconsciente e as pessoas não percebem que fazem isso constantemente, e quando são chamadas a perceber isso se sentem incomodadas e até afastam de si a devida consciência do fato e negam o tempo todo.

Reconhecer que possui esse comportamento vai ajudá-lo a modificá-lo e, assim, concretizar o que começou a fazer.

Garanta o sucesso na sua vida e jamais se contente com o "apenas tentar".

O que nos faz querer algo?

Você já deve ter sentido vontade de conquistar algo e pode até mesmo tê-lo conquistado, mas o que faz você querer esse algo? Saber os verdadeiros motivos faz toda a diferença! Pois descobrindo esses motivos você terá a possibilidade de alinhar mais o desejo alcançado aos seus valores e, assim, usufruir do objetivo alcançado.

Existem dois grandes motivos para desejar algo, primeiro fugir do negativo e em segundo buscar algo positivo.

É muito comum acontecer no mundo corporativo gestores motivando suas equipes usando o apelo de fugir do negativo, e os colaboradores precisam cumprir as metas, pois caso contrário poderão perder o emprego.

E por que isso funciona com alguns colaboradores e com outros não? Exatamente pelo fato de existir pessoas que se motivam buscando o positivo!

Identificar os reais motivos que as pessoas usam para desejar algo ou alcançar esse algo aumentam as possibilidades de manter os resultados positivos e as pessoas sempre motivadas.

Outra coisa importante é entender que você se motiva de uma forma, e isso não significa que os outros usem o mesmo jeito que o seu. Busque conhecer individualmente as pessoas da sua equipe e identifique o motivo de cada uma delas, assim atenda de forma individual e específica. O resultado disso será uma equipe forte usando a união, o comprometimento e a ação, alcançando os objetivos estabelecidos.

E VOCÊ, descobriu o real motivo que o faz desejar algo e buscar alcançar esse algo? Se a resposta for sim, PARABÉNS!

O que significa o medo na hora de empreender

Como qualquer outro desafio empreender traz à tona muitos sentimentos e o principal deles é o medo.

Muitos empreendedores mascaram esse medo dando outros nomes a ele como cautela, cuidados, receios e entre outros. Porém o que realmente está por trás dos comportamentos acima é o medo, essa emoção que nos acompanha desde os primórdios e que tem uma função importante para todos nós.

Temos um sistema nervoso que foi evoluindo ao longo dos tempos, mas que manteve características e funções, ainda que primitivas, importantes para nossa sobrevivência. Esse sistema é essencialmente dotado de um conjunto de emoções capazes de nos proteger, de impulsionar e, até mesmo, nos fazer realizar grandes feitos.

Podemos classificar como emoções básicas aquelas que quando misturadas e aliadas a repulsão e atração derivam outras emoções. São elas: a alegria, a tristeza, a raiva e o medo.

Cada uma delas possui uma função importante para nós, o medo, que é nosso objeto de estudo aqui neste artigo, tem como função primordial nos proteger.

Porém é uma emoção que facilmente perde essa função, e ao invés de nos proteger ele passa a nos impedir.

Imagine um empreendedor que decide enfrentar um desafio novo de empreender algo, o que fazer com as emoções que aparecerem? Muitos diriam para buscar apenas a razão e evitar a emoção. Ouço isso o tempo todo! Mas saiba que usar apenas o racional não irá garantir sucesso algum, pelo contrário poderá trazer mais problemas, pois nossos comportamentos são essencialmente regidos por nossas emoções.

Temos um potencial emocional enorme e que aliado ao nosso racional pode nos ajudar a ter sucesso no que quisermos.

Ao ter um desafio novo é natural que o medo apareça e diria até necessário, quando isso acontecer é importante que você busque entender o que esse medo está fazendo com você. Ele está te protegendo ou te impedindo?

Caso a resposta seja a proteção, ótimo! Pois ele fará você evitar erros e, assim, terá cuidado nos detalhes aumentando as chances de sucesso.

Se a resposta for te impedindo de realizar o que você deseja, significa que você ainda não está suficientemente preparado para fazer o que quer. Ótimo também! Pois chegou a hora de procurar saber o que falta na preparação e buscar preencher essa lacuna e, assim, garantir o sucesso de sua realização.

Uma metáfora que gosto de contar às pessoas quando falo do medo é o sonho de pilotar avião, que até eu realmente me preparar para ser um piloto preciso usar o medo e, assim, não me aventurar a pilotar uma aeronave.

Após estudar de fato e me tornar um piloto de avião capacitado, o medo deixa de me impedir e dar lugar a segurança, passarei a exercer minha função com satisfação e prazer. Porém, ainda assim, precisarei recorrer ao medo para me proteger e sempre buscar pilotar me preocupando com os detalhes, garantindo a minha segurança e a de meus passageiros.

Portanto meu amigo empreendedor, use o medo de maneira benéfica e inteligente, garanta o sucesso do seu empreendimento.

O que vai garantir o sucesso da sua ideia?

João é um cara empreendedor e tem muitas ideias, já iniciou vários negócios, mas nenhum deles, até o momento, foi um grande sucesso.

Essa pequena história pode ser de qualquer um de vocês e ela se torna real a cada dia, pois muitos empreendedores possuem excelentes ideias, mas quando vão implementá-las não conseguem tirá-las do papel.

Para que uma ideia se concretize e se transforme em um grande sucesso é preciso cuidar de muitas variáveis, porém tem uma que é fundamental.

Você imagina qual é?

Quando pergunto isso para as pessoas em meus treinamentos ouço respostas como: Vontade, Conhecimento, Planejamento, Perseverança, Foco, Disciplina, Energia, Entusiasmo.

Se você pensou em uma das respostas acima você tem razão, pois todas as palavras acima fazem parte da história de uma pessoa de sucesso. Porém só isso não vai bastar!

Imagine-se com uma ideia excelente e com muita vontade de realizá-la, daí você busca conhecimentos na área, se especializa e realiza todo o planejamento do negócio, não pensa em outra coisa e dorme imaginando no quanto será extraordinário ver o projeto prosperando. Acorda todos os dias ainda mais entusiasmado com sua ideia, e quando vai falar do negócio chega até a se emocionar de tanta energia que está colocando nele.

Daí chega o dia de colocar o planejamento em prática e quando vai iniciar se depara com muitos obstáculos: é a burocracia, a concorrência, a desconfiança do mercado que não conhece ainda o seu produto, a necessidade de investir em divulgação, a falta de mão de obra qualificada, o alto custo dos impostos, a insuficiência de caixas para cumprirem os compromissos e os credores começam a aparecer.

Diante de tantos obstáculos, você já consegue perceber a característica necessária para que você tenha sucesso em seu projeto?

Não?

Vou te dar mais uma dica! Essa característica vai possibilitar a você vivenciar todas as adversidades inerentes ao negócio e vai permitir que você mantenha-se com o estado interno de tranquilidade e paz.

Acertou quem pensou em resiliência!

Esse termo tão usado hoje para caracterizar as pessoas extraordinariamente controladas veio da física, pois na natureza existem alguns elementos que possuem mais ou menos resiliência. Um exemplo de elemento com muita resiliência é a madeira, pois você pode envergar uma madeira e, ainda sim, ela poderá voltar ao seu estado natural. Um com pouca resiliência é o ferro, pois caso alterem a sua forma, ele jamais voltará ao seu estado natural.

Trazendo esse exemplo para nossa vida, quando se tem resiliência as adversidades que encontramos podem até nos fazer cambalear, porém conseguimos nos recuperar rapidamente e, assim, nos mantermos em nosso estado natural.

Como adquirir essa característica?

Existem várias formas, mas a que mais acredito ser efetiva é através da própria experiência, ou seja, é aproveitando as adversidades que a vida lhe oferece e através delas adquirir a capacidade de lidar melhor com elas e, assim, possuir naturalmente a resiliência.

O que você controla na sua vida?

Acabei de ter um *insight* sobre controle e isso me causou uma inquietação para buscar o que eu de fato controlo na minha vida, e para minha alegria ou tristeza cheguei à conclusão de que não controlo nada.

Calma! Não estou dizendo aqui, que não sou o senhor da minha vida! Pelo contrário, pois quando eu paro e penso sobre ela estou sendo de fato o dono, pois não estou sendo levado pelos pensamentos dos outros.

Porém voltemos ao controle. Nem esse pensamento que eu ou você estamos tendo agora podemos controlar, já que muitas vezes pensamos coisas indesejadas e mesmo querendo mudar o pensamento, não conseguimos e como um filme com o botão do *repeat* apertado teima em continuar.

Temos uma falsa sensação de que controlamos as coisas, mas não passa mesmo de uma falsa sensação.

Faça este teste: Escreva dez coisas que você faz e acha que controla e se pergunte quem ou o que te motivou a fazer o quê e como você fez.

Uma das coisas que aprendemos desde cedo é que temos "livre arbítrio", ou seja, o poder de escolha. Não coloquei entre aspas à toa, pois esse poder de escolha acabamos por decidir o que é mais conveniente para um conjunto de regras sociais ou um grupo de pessoas que convivemos e que ditam como devemos fazer as coisas.

Alguns podem dizer: "eu não sigo as regras". Outro engano, pois pode até ser que você vá contra algumas regras, mas no fundo está repetindo, mesmo que inconscientemente, o comportamento ou o desejo de alguém de " ir contra as regras".

Minha proposta aqui é trazer a consciência a você leitor que essa falta de controle pode ser uma grande janela de oportunidades, pois ao mesmo tempo que não sou capaz de controlar minha vida, sou capaz de vivê-la plenamente colocando foco em caminhos que me levem para o bem, para a prosperidade, para a paz e, em uma expressão maior do que nós somos, para o amor.

Não podemos controlar, mas podemos usar muito bem o que nos foi dado como recursos e possibilidades.

É um assunto que muito merece uma maior reflexão e vou pensar mais um pouco sobre isso, e peço a você que leu e também se sentiu incomodado ou até mesmo instigado que pense e coloque aqui as suas reflexões acerca deste assunto.

O que você faz quando é desafiado?

Qualquer pessoa quando é desafiada recebe em seu sistema uma carga de emoções capazes de gerarem uma explosão de sentimentos e vários comportamentos.

Temos quatro emoções básicas que misturadas entre elas geram outras emoções e aprender utilizá-las a nosso favor faz toda a diferença.

Essas emoções são: Raiva, Alegria, Tristeza e Medo.

A raiva e a alegria podem colocá-lo em movimento e a tristeza e o medo podem paralisá-lo. Mas cada emoção tem uma função ao acontecer e é essa função que podemos utilizar para melhorar os nossos resultados.

A raiva é para destruirmos o que nos impede de ir em frente, a alegria dá energia para nos movimentar ou nos equilibrar, a tristeza é um sinal de alerta, com o objetivo de nos mostrar que algo está errado em nossa vida e, por fim, o medo tem a função de nos proteger.

Porém existem pessoas que usam mal as funções, e ao invés de terem bons resultados usando as emoções só conseguem problemas e acabam por acreditar que se emocionar é algo ruim.

Uma outra ilusão que as pessoas têm é de achar que conseguem controlar as emoções e passam a não se permitir vivê-las ou quando estão numa situação em que as emoções aparecem a pessoa foge e acha que isso é controle.

Podemos usar essas emoções a nosso favor, principalmente, diante dos desafios, pois é como eu disse, quando os desafios aparecem vêm junto com eles um turbilhão de emoções.

Sugiro que faça uma autoanálise em vários momentos de desafios e perceba de forma consciente quais emoções se manifestam com frequência e quais os comportamentos que está tendo.

Isso dará um mapa a você, que poderá ser usado para atravessar essa floresta desconhecida chamada desafio.

Um outro fator determinante para enfrentar os desafios, são os significados dados a eles, pois de acordo com esses significados você poderá gerar a emoção adequada para enfrentá-los.

Tudo isso é possível de se conseguir e para isso é preciso muito treino e busca pela melhoria contínua.

Desejo que no próximo desafio que tenha você possa conseguir melhores resultados, direcionando sua energia para o que realmente estará em suas mãos, utilizando todo o potencial emocional que a natureza lhe deu de presente para resolvê-lo.

O que você vai levar na mala?

Por conta do meu trabalho toda semana tenho o privilégio de estar em uma cidade diferente e isso me obriga a toda semana fazer a mala e desfazê-la. Confesso que sou apaixonado pelo que faço e nas malas que preciso organizar curto cada detalhe.

Posso dizer que me tornei um *expert* no assunto e em todos esses anos fui aprendendo a otimizar espaço, pensar na praticidade do manuseio e selecionar o que realmente vai ser útil e necessário.

Mas nem sempre foi assim! Sempre fui propenso a buscar conforto e segurança e isso me fazia pensar no que eu deveria colocar na mala como reserva para assim não faltar nada. Já dá para imaginar como ficava minha mala? Pois é! E com o tempo fui percebendo que estava levando coisas em excesso, pois nunca usava e passei a diminuir "minhas reservas" até chegar ao ponto de não levar reserva alguma, e sim somente o necessário.

Estou iniciando mais um ano de trabalho e ao organizar minha mala para essa primeira viagem, comecei a fazer uma reflexão comparando-a com minha vida.

Pensei sobre o que estava carregando na minha "mala" chamada vida. O que eu carregava como "reserva", que apenas estava carregando como excesso.

Aprendi muito com essa reflexão, pois percebi comportamentos que antes achava-os importantes e vi que eram desnecessários. Encontrei crenças limitantes que também só atrapalhavam e, por fim, algumas pessoas que ao invés de contribuírem para a minha harmonia e evolução estavam me atrapalhando.

Resolvi então limpar também essa mala e torná-la mais leve, carregando somente comportamentos que iriam contribuir, crenças possibilitadoras e pessoas que realmente me acrescentariam algo de positivo.

E você, o que está carregando na sua mala?

Chegou a vez da mochila!

Já fiz a reflexão sobre o que devemos carregar em nossa mala e muitas pessoas se identificaram com o texto. Aqui procurei aprofundar ainda mais a reflexão, porém avaliando-a por uma outra vertente, a profissional.

Em nossa vida profissional, independente do que fazemos, precisamos de algumas ferramentas para alcançarmos êxito e essas ferramentas podem ser nossos recursos internos como motivação, foco, capacidade de se comunicar, resiliência e amor pelo que faz.

Assim como minha mala, objeto que serviu de comparação no artigo passado, organizei também minha mochila, pois é ela que eu levo em cada viagem a trabalho e dentro dela carrego os objetos que necessito. Eu tinha a maior alegria quando necessitávamos de algo e lá na mochila eu o encontrava. As pessoas passaram até a usar o jargão: "Na mochila do Mazullo tem!".

Agora imaginem o que passei a carregar na minha mochila ao longo do tempo. Chegou ao ponto do corpo reclamar do peso. E quando o corpo fala temos que ouvi-lo. Diante disso, fui fazer uma limpeza na minha mochila.

Ao organizá-la comecei a refletir sobre minha vida profissional, pois ao longo desses anos acumulei, conhecimentos, experiências e resultados. Mas percebi que toda essa bagagem adquirida ao longo do tempo, muitas vezes, apenas pesava em minha mochila, pois como vivemos em um mercado mutável e extremamente evolutivo o que usávamos no passado provavelmente não terá o mesmo resultado no presente e muito menos no futuro.

Percebi que ao invés de ajudar estava me atrapalhando, pois por achar que eu já sabia e que minhas experiências eram enormes e suficiente, eu estava me fechando ao novo. Perdia oportunidades de melhorar ainda mais o que eu fazia e de aprender com as pessoas que estavam ao meu redor.

Não estou aqui dizendo que devemos descartar nossas experiências, e sim ter a flexibilidade necessária para aceitarmos o novo. Olhar para tudo com um "olhar de uma criança", com a curiosidade de um descobridor e uma vontade de melhorar sempre.

Esvaziei minha mochila e nela passei a carregar só o que usamos de fato e estou muito feliz, pois agora sobra muito espaço para coisas novas e dá até para comprar um presente para minhas filhas nas viagens.

E você, o que está carregando na sua mochila?

O quebra-cabeça emocional

Uma de minhas brincadeiras preferidas quando criança era montar quebra-cabeças e lembro que me sentia muito feliz ao conseguir montá-los.

Era como se eu estivesse sendo desafiado por mim mesmo e isso me motivava a melhorar o tempo da montagem e minha performance.

Cresci e, por um tempo, fiquei me lembrando das minhas experiências com os quebra-cabeças.

Hoje eu me encontro montando e desmontando um outro quebra-cabeça. O "quebra-cabeça emocional".

Sim, pois nossos comportamentos, em sua maioria, são gerados a partir de uma emoção que se une às outras e isso vai derivando outras. Se faltar alguma peça nesse emaranhado de emoções e comportamentos jamais conseguirá montá-lo e entendê-lo.

Tudo inicia no que acontece em nossa vida, as variadas situações em que somos colocados nos impõem a necessidade de agirmos ou reagirmos, e para que isso aconteça utilizamos nossas emoções, até mesmo quando ficamos parados.

Uma das estratégias que eu usava para montar o quebra-cabeça era olhar a cor da peça e observar quais eram parecidas com essa cor.

Hoje para perceber quais peças se encaixam no "quebra-cabeça emocional" busco qual é a emoção básica que está sustentando as outras e, assim, percebo as derivações e o motivo pelo qual estou sentindo-as.

Temos quatro emoções básicas e são chamadas assim pelo motivo de todos termos essas emoções e todas as outras partirem delas.

São elas: Raiva, Medo, Tristeza e Alegria!

Assim como as cores que se formam a partir da mistura delas, derivando outras tonalidades e intensidades, nossas emoções seguem o mesmo padrão.

Um bom exemplo disso é a insegurança que é uma emoção que pode atrapalhar muito a vida de qualquer pessoa, e que deriva do medo com um pouco de tristeza.

Porém para reverter a insegurança deve-se buscar outra peça nesse quebra-cabeça que é a raiva, pois ela, ao contrário da insegurança que paralisa, pode colocá-lo em movimento.

Trata-se de um enorme e complexo quebra-cabeça, porém aprender a montá-lo vai lhe permitir usufruir de todo o seu potencial emocional e atingir excelentes resultados.

Para chegar ao sucesso é mesmo preciso passar pelo fracasso?

Há quem diga que só se conhece o doce gosto do sucesso, quando se prova o amargo do fracasso. Eu mesmo já passei por isso e até ter sucesso em meus negócios, fracassei algumas vezes e isso me fez por muito tempo acreditar piamente que a resposta à pergunta do título deste artigo era sim.

Mas antes de você começar a concordar com essa crença limitante, o convido a refletir sobre o que temos a disposição para evitarmos provar desse gosto amargo, chamado fracasso.

Existem muitas fontes de pesquisas e aprendizados para podermos antecipar as experiências dos outros e adequá-las a nossa realidade.

Hoje acredito que é muito melhor aprendermos com os erros dos outros do que termos que errar por nós mesmos para daí ter algum aprendizado, assim "dói menos".

A base da Programação Neurolinguística, ciência em que tenho formação e uso no meu trabalho e na minha vida, é a modelagem, ou seja, você descobrir modelos de excelência, encontrar as estratégias desses modelos e, assim, poder replicar na vida e ter os mesmos ou até resultados melhores.

Quantas pessoas de sucesso você conhece? Saiba que você só precisa de uma para usar como fonte de inspiração e ter como modelo.

Muita gente tem como modelo o pai ou a mãe. Isso é bom, mas essa admiração aconteceu e se formou em uma fase da vida em que se tinha apenas como maior referência o pai e a mãe, que foi na infância.

Existe um aspecto que devemos ter clareza para não confundirmos essa admiração, respeito e amor, que devemos ter e nutrir pelos nossos pais, com o modelo que queremos ser.

Mas quero também que atentem para uma coisa, não estou aqui generalizando, pois existem sim pais e mães que podem ser modelos de sucesso. Porém existem outros que incutem na cabeça dos filhos modelos de pobreza, escassez e medo do sucesso.

Você deve estar se questionando: "como pode um pai ou uma mãe que só quer o bem para o filho, fazer isso?".

É que eles fazem isso de maneira inconsciente e com um objetivo maior, que é proteger o filho.

Temos casos emblemáticos, com relação a esses exemplos, e um dos que mais nos inspira dentro da PNL é o do Walt Disney, que por muitas vezes na vida repetiu o mesmo modelo de fracasso do pai e até romper essa barreira, amargou muitos insucessos.

Você pode sim e merece ter sucesso na vida sem passar por fracasso, pois muita gente já fracassou por você e podem servir como modelos e, assim, dirimir seus riscos.

Hoje, a leitura que mais me dar prazer são as biografias, pois elas me permitem antecipar as experiências dos biografados para a minha vida.

Com elas eu consigo criar um caminho de sucesso e prosperidade, prevendo supostos desvios e percalços, e produzir melhores resultados.

Tenho atualmente a crença possibilitadora de que quanto mais sucesso eu tiver, mais outros sucessos eu produzirei, pois um vai atrair e gerar o outro.

Para quem ou o que você bate palmas?

Todos os meses viajo à Europa para realizar o treinamento DL (Desenvolvimento e Liderança), em Portugal, e um fato me chamou bastante atenção. Todas as vezes quando retorno ao Brasil e o avião pousa, os passageiros começam a bater palmas.

A primeira vez que vivenciei isso achei muito legal, porém pensei que fosse por algum motivo em especial naquele voo para aqueles passageiros estarem aplaudindo.

Daí, comecei a vivenciar em todos os outros voos e percebi que se tratava de um comportamento comum, e ao conversar com alguns europeus, com o intuito de entender melhor, fui surpreendido com uma pergunta: "Você não acha que os responsáveis por tamanha façanha não merecem aplausos?". Fiquei vermelho de vergonha! Foi aí que comecei a de fato entender o objetivo maior desse comportamento e minha resposta foi sim, e agora passei a aplaudir toda a tripulação dos voos em que viajo.

Mas fui relacionar esse fato com outras coisas na minha vida e encontrei tantas outras situações que merecem ser aplaudidas.

Quantas coisas grandiosas ou até mesmo feitos estão acontecendo nesse momento em que escrevo este texto e que merecem tal reverência?

Posso elencar vários aqui, inclusive o fato de ter a oportunidade de me comunicar com você, partilhando minhas experiências e conhecimentos e talvez ajudando-o a perceber as possibilidades de ser melhor todos os dias.

Você já pensou na grandiosidade do nascer do sol? E nas oportunidades que você tem todos os dias com esse nascer? E a dádiva que você recebeu chamada de vida? E a abundância que temos ao nosso redor? E o amor que preenche nossa essência? Como já disse eu poderia colocar várias situações aqui que merecem aplausos.

Faça uma lista das principais coisas que você tem que merecem ser aplaudidas, mas procure ir além das coisas materiais, e ao fazer essa lista eleja as sete mais importantes e cultive o hábito de aplaudi-las todos os dias.

Essa é uma poderosa forma de reconhecer o que de bom você tem ou faz, pois acredito muito que atraímos as coisas para a nossa vida através das conexões e sintonias que fazemos e, sendo assim, procure se conectar com coisas que promovam positividade na sua vida e que mereçam aplausos. O resultado disso será uma vida extraordinária.

Aproveite a companhia das pessoas queridas enquanto pode!

Ao longo da vida vamos colecionando pessoas que se tornam verdadeiros tesouros, são pessoas que nos influenciam, nos divertem, cuidam da gente e nos fazem sentir especiais ou até mesmo nos inspiram a querer ser sempre melhor.

Quando somos crianças em nosso universo existem duas pessoas que são as mais importantes para nós, pois foram responsáveis pela nossa existência, os nossos pais. E crescemos cultivando admiração, respeito e vontade de ser ou fazer o que eles são e fazem.

Mas o tempo vai passando e os intempéries da vida vão acontecendo e quem antes eram os heróis, passam a ser as vezes "estranhos", sumindo o carinho, o abraço, a compreensão e em casos mais extremos até mesmo o amor. E muitos só vão perceber o tempo perdido quando essas pessoas já não estão mais presentes fisicamente.

Em minha atividade profissional, tenho a oportunidade de conhecer algumas pessoas que viveram exatamente o que falei, afastaram-se dos pais, alguns por motivos banais, e passaram a nutrir sentimentos de raiva e rancor, cultivando um desprezo e esquecendo-se de que foram eles os responsáveis por terem conquistado a vida.

Vejo também alguns cobrando coisas, comportamentos e atitudes de seus pais sem perceber que os mesmos nunca tiveram o que eles estão sendo cobrados e jamais vão conseguir atender a tais cobranças. Será que é justo você cobrar dos seus pais o que eles nunca receberam? Você já parou para pensar na infância deles? Será que um dia eles tiveram o que você talvez esteja cobrando deles?

Meu objetivo aqui não deixá-lo com peso na consciência, por talvez estar distante de seus pais, e se esse for o caso que você perceba essa distância e o tempo que talvez vocês estejam perdendo por estarem distantes, deixando de compartilhar carinho, gratidão e amor.

Convido você agora a resgatar aquele sentimento que tinha quando criança dessas pessoas tão especiais e que um dia você desejou ser como eles eram, pessoas que o inspiravam a querer crescer e que de algum modo contribuíram para que você seja a pessoa que você é.

Busque resgatar fatos positivos de sua infância com eles, momentos em que o carinho, a admiração e o amor estavam presentes e deixe vir à tona novamente esses sentimentos. Fazendo isso você estará reencontrando os recursos necessário para toda vez que estiver com os seus pais possa aproveitar a companhia deles.

As mais variadas formas de se comunicar

Uma das coisas que mais une as pessoas é a comunicação, ela é capaz de gerar guerra e paz, e ao ser utilizada de maneira adequada permite elevar e transcender o tempo e a história.

Mas existe maneira adequada de se comunicar?

A minha resposta para essa pergunta é não! Pois o que se faz necessário em um processo de comunicação é o resultado desejado e o resultado gerado.

Em um processo de comunicação temos alguns componentes, sendo eles: o emissor, o receptor e a mensagem.

Antigamente quando se ensinava comunicação, se imaginava que era um processo de mão única, ou seja, um fala e o outro escuta. Mas como tudo na vida evolui, esse entendimento do processo da comunicação evoluiu também e hoje sabemos que trata-se de um processo de mão dupla e o emissor ao mesmo tempo torna-se receptor, pois quando se transmite uma mensagem se recebe a resposta, sendo verbal ou não.

Existem várias formas e tipos de comunicação, e estamos o tempo todo necessitando nos comunicar, seja com alguém ou com nós mesmos.

Seja qual for a língua, o tipo e até mesmo a forma, a comunicação vai ter uma fisiologia e que se pudéssemos quantificá-la seria: 7% as palavras, 38% o tom de voz e 55% a linguagem corporal.

Essa forma de enxergar o processo como um todo nos permite perceber a importância da linguagem não verbal, que por si só fala muito mais do que todas as palavras juntas.

Sou um apaixonado por comunicação e fico olhando as pessoas nas ruas se comunicando, criando interações e gerando sinergia e conexões.

Uma das formas de se comunicar que muito me encanta é a linguagem brasileira de sinais, conhecida por libras.

Tenho um cunhado que tanto ele quanto a sua esposa são surdos, e minha esposa, com sua sensibilidade, contratou uma especialista em libras que ensinou a mãe e todos os outros irmãos a entenderem e se comunicarem usando essa fantástica ferramenta.

Foi uma linda atitude e quem mais se beneficiou foram eles que aprenderam a entender melhor o irmão e a ter mais uma forma de comunicação, aumentando a possibilidade de interação e conexão.

Outra forma encantadora e valiosa de comunicação é a poesia, que através de palavras e sentimentos conseguimos tocar o coração de quem os escuta.

Recentemente, vi uma reportagem sobre um movimento mundial que chegou ao Brasil chamado *Islam*, que é um campeonato aberto de poesias, e os participantes chegam e se expressam para uma plateia que dá notas para o poeta e sua mensagem. Ganha aquele que conseguir passar ao público uma conexão entre o que está verbalizando e sua linguagem corporal, através de sua poesia.

Qualquer que seja sua forma de se comunicar, pense no objetivo e no resultado que deseja atingir e perceba no *feedback* de seus interlocutores o que está alcançando.

Um componente poderoso de se usar é o coração, pois ele será como uma mola impulsionadora da sua comunicação e o resultado será sempre alcançado com amor.

Ciclos abertos em sua vida

Quero propor uma reflexão sobre sua vida.

Pare um pouco agora e perceba os ciclos aberto que você tem, e quando falo de ciclos abertos estou me referindo a tudo que você iniciou e que ainda não terminou.

No mundo, os ciclos acontecem o tempo todo e sabiamente a natureza nunca deixa de fechá-los. Observe o dia que nasce através do nascer do sol, ele se põe fechando o ciclo do dia e aí inicia a noite, a lua aparece, mas depois de um tempo, assim como o dia, o clico da noite se fecha.

Quando vamos fazer algo, um ciclo se inicia e devemos fechá-lo, pois tudo que começa precisa ter um fim, caso isso não ocorra você está correndo o risco de passar a viver um grande caos e as coisas estarão cada vez mais complicadas na sua vida.

Somos ao longo de nossas vidas programados para nos comportar de forma inconsciente e muitos desses comportamentos nos foram impostos por pessoas que nos amavam ou queriam bem. E isso fazia com que passássemos a acreditar que agir da maneira deles seria a melhor forma, porém esses comportamentos podem ter sido úteis naquele contexto, mas hoje não e, assim, se faz necessário o fechamento desse ciclo também.

Hoje tenho essa consciência e procuro sempre ter a atitude de tudo que eu iniciar, terminar. E isso vale para qualquer coisa, seja um livro que começo a ler, um artigo que escrevo, um projeto que inicio, qualquer coisa.

Mas saiba que tudo tem seu tempo e isso significa que não devemos fazer as coisas de maneira apressada para terminar, pelo contrário temos que dar o tempo devido para que elas aconteçam no seu tempo, assim poderemos usufruir e se beneficiar do que fazemos.

Ao começar um novo ano de trabalho defino um foco de atuação e todas as minhas metas, ações, pensamentos e estudos serão de acordo com o que foi escolhido e, assim, passo todo o ciclo daquele ano perseguindo o que foi planejado. E ao chegar a hora de fechar o ano, ou seja o ciclo, reflito sobre o mesmo e o que realizei, depois defino o foco do ano que se iniciará, fechando o ciclo que passou.

Estou prestes a fechar meu ano, onde tive meu foco na Prosperidade e minha felicidade é tamanha, pois foi exatamente isso que conquistei durante todo o ano.

Para manter a Prosperidade viva em minha vida devo abrir outro ciclo, e iniciando um novo ano que já defini que será o ano do EQUILÍBRIO.

Convido você que lê este artigo a se juntar a mim, buscando equilibrar sua vida como um todo, mas para isso se faz necessário fechar os seus ciclos abertos.

Sucesso e um ótimo ano do EQUILÍBRIO.

Coloque foco no que você deseja

Me peguei agora pouco pensando em um objetivo que estou buscando realizar e tive um *insight* sobre isso e quero compartilhar com vocês.

Quando desejo algo, tenho como padrão pensar no objetivo já alcançado e daí eu começo a realizar o planejamento e depois começo a executar as ações definidas.

E fazendo isso agora, me veio fortemente o pensamento de que "o objetivo é fim e não o meio", e comecei a pensar sobre isso. Uma grande dúvida que me ocorreu foi no que devo ter foco, foi aí que me veio a frase acima.

Comecei a pensar nos inúmeros objetivos que já alcancei e, refazendo o caminho para encontrar as estratégias, percebi que gastei muito tempo focando no meio e pouco no fim.

Lógico que se preocupar com as ações a realizar e planejá-las aumentará as chances de êxito, mas o foco deve ser no objetivo e não nas ações empreendidas.

Você pode me questionar: Mas Mazullo para realizar as ações com êxito não preciso ter foco nelas?

Existe um ensinamento na Programação Neurolinguística que treinamos nossos sentidos para estarem focados no micro e no macro, pois se ficarmos apenas no micro deixamos de ver coisas importantes que podem auxiliar na execução das ações e, entretanto se ficarmos no macro podemos perder os detalhes.

Ao avaliar minhas realizações anteriores, percebi que usava esse exercício nas ações e só depois que alcançava o objetivo começava a focar especificamente nele.

Quando focamos no objetivo, tudo ao redor começa a se movimentar e essa movimentação pode ser para o êxito, principalmente, quando o foco está ajustado para isso.

Estou muito feliz em ter tido esse *insight* e mais ainda por poder passar isso para vocês, desejo que tenham muitos objetivos e, principalmente, foco neles para terem sucesso.

Como se fosse a primeira vez!

Essa frase parece um jargão amoroso, mas na vida como um todo ela pode se fazer presente em muitos momentos, inclusive na vida profissional.

Esse final de semana realizei mais uma turma do treinamento DL, e já se vão oito anos da minha vida dedicado a realização do mesmo, buscando sempre a melhoria contínua para que eu esteja sempre fazendo-o melhor. E senti novamente como se fosse a primeira vez!

Em qualquer processo de aprendizado se faz necessário passar por alguns estágios, iniciando no que chamamos em PNL de Incompetência Inconsciente, ou seja, uma fase que não sabemos determinada coisa. Um exemplo: Você sabe o que são fluídos hidráulicos para carros? Se você não for profissional da área automotiva a resposta mais provável é que não. Mas você "não sabia" que não sabia disso até eu mencionar que isso existe.

Quando fiz isso, eu o trouxe para o segundo estágio da aprendizagem que é a Incompetência Consciente. Ou seja, você agora sabe que não sabe!

Se você for uma pessoa que gosta de aprender vai buscar saber o que são esses fluídos e quando fizer isso, vai para o terceiro estágio da aprendizagem que é a Competência Consciente, ou seja, agora você sabe o que é, porém caso não seja importante para você continuar sabendo do que se trata esses fluídos, depois de um tempo a informação é esquecida. Mas caso você queira se tornar um *expert* no assunto, você poderá levar a informação para a próxima etapa da aprendizagem que é a Competência Inconsciente. Para fazer isso você pode usar dois recursos, que são a repetição e a emoção.

Quanto mais você repetir o aprendizado, mais na sua Competência Inconsciente ele vai estar, e se acrescentar um pouco de emoção ele ficará eternamente acessível e passará a fazer parte do seu repertório de conhecimentos e habilidades. É nesse estágio da aprendizagem que encontramos a excelência em fazer o que se faz, porém pode nos causar certa acomodação por acharmos que já sabemos e não temos mais nada a aprender em relação a ele. Eu particularmente acredito que nada é tão bom que não possa ser melhorado.

I.I: Incompetência Inconsciente.

I.C: Incompetência Consciente.

C.C: Competência Consciente.

C.I: Competência Inconsciente.

Por isso ter a sensação de como se fosse a primeira vez me mantém em busca da evolução contínua, de saber que sempre posso aprender algo novo. Para isso, olho tudo com a curiosidade de uma criança e com a certeza de que haverá sempre um aprendizado novo.

E você, quando foi que fez algo e sentiu como se estivesse fazendo pela primeira vez? Exercite isso e tenha excelentes resultados.

Fui promovido! E agora?

Fui procurado por um cliente que solicitou atendimento de Coaching, pois o mesmo havia sido promovido a gerente da empresa em que trabalha e passaria a liderar um time de mais de 40 pessoas e com alguns tendo entrado junto com ele, e isso poderia ser um fator impeditivo de exercer a função com sucesso.

Essa história poderia ser a sua, ou melhor, talvez seja a sua!

Existem algumas armadilhas em uma ascensão como essa, pois geralmente foi feita por conta de uma necessidade da empresa de ocupar uma vaga deixada por outro profissional ou com o objetivo de premiar um colaborador que está se destacando pelos seus resultados gerados.

Nem sempre foi feita uma avaliação prévia no perfil do colaborador promovido e se o mesmo possui competência para liderar pessoas. Mas esse é um assunto para outro artigo, pois o objetivo aqui é contribuir com quem foi já promovido.

Se esse for o seu caso, em primeiro lugar olhe para essa promoção como algo que você mereça, pois se já chegou lá é porque de alguma forma você fez por merecer.

Será fundamental a partir de então deixar de pensar no seu resultado individual para pensar no resultado de todos do time e isso exige competência em lidar com uma pressão ainda maior.

Outra coisa importante será a habilidade de trabalhar em equipe, para assim poder dividir os esforços e somar os resultados.

Liderar pessoas significa ser exemplo, pois não há mais espaço para aqueles gestores que usam "façam o que eu digo, mas não façam o que eu faço". O que se fala precisa estar congruente com o que se faz, pois caso contrário o líder poderá ficar sozinho.

Use e abuse da maior ferramenta de um líder que é o carinho, fazendo isso você fará as coisas mais bem feitas e terá sua equipe ao seu lado. Dar carinho não é ser complacente com resultados medíocres ou comportamentos inadequados, mas cuidar de todos a sua volta e das ações que se está fazendo, a fim de obter sempre o melhor.

Minha verdade é melhor que a sua!

O título deste artigo deve ter mexido com a sua imaginação e talvez tenha feito você se perguntar, porquê?

Pois é! Muita gente acredita piamente nisso que a única verdade que existe é a dela e ainda tenta impor essa "verdade" as outras pessoas.

Existe uma pressuposição na PNL (Programação Neurolinguística) que nos ajuda a respeitar a verdade dos outros nos mostrando que: "O Mapa não é o Território."

Quando comecei a estudar PNL tive uma certa dificuldade em entender a profundidade dessa pressuposição, pois eu já sabia que cada um tinha o próprio ponto de vista sobre as coisas, mas o que eu não entendia era que o meu ponto de vista por mais que pra mim parecesse o melhor, ainda assim eu não tinha o direito de achar que o do outro estava errado.

Vejo pessoas que quando, por algum motivo, são contrariadas usam a emoção básica da raiva de maneira inadequada, tentando destruir a verdade dos outros, falando mal, disseminando o ódio e se vitimando.

Muitas dessas pessoas, por terem um determinado poder de persuasão, até conseguem alguns adeptos que passam a se solidarizar, porém com o tempo essas mesmas pessoas mostram o que realmente está por trás de suas "verdades", apenas uma vontade de atender o seu ego que por ter sido contrariado anteriormente tenta a todo custo impor seu mapa como se ele fosse o território.

Um bom exercício para não cair na artimanha dessas pessoas é jamais acreditar que alguém é pior ou fez o que elas realmente estão dizendo. Principalmente, se essa pessoa estiver com raiva ou tenha sido contrariada por algum motivo.

Se você é uma dessas pessoas que assim como eu em algum momento tentou impor sua própria verdade as outras, sugiro que reflita muito e busque evoluir nesse aspecto, pois o seu mapa é seu e por mais que ache que o do outro não seja importante para você, ainda assim é o dele e é ele que tem que perceber que pode melhorar, observando outros mapas e, assim, ampliando o dele.

Outra pressuposição da PNL que nos ajuda a melhorar nesse aspecto é a que nos diz: "O elemento controlador de qualquer sistema é sempre o mais flexível". Essa é mais fácil de entender, porém praticá-la é outro exercício diário.

Flexibilizar não quer dizer que você esteja sendo fraco ou que não tenha personalidade, mas sim usar sua capacidade de entender o mapa do outro.

Junte essas duas pressuposições e terá resultados extraordinários na sua vida, principalmente, no que se refere a convivência.

O dia mais importante da minha vida!

Era um dia chuvoso e parecia ser um dia qualquer, com tudo ao meu redor acontecendo normalmente. Como de costume muito trabalho e uma contagem regressiva para o dia terminar. Mas de repente ao voltar para casa me veio um súbito desejo de parar em frente ao relógio da praça e, assim, fiz. Então passei a acompanhar o tic-tac, tic-tac, tic-tac...

Ficou curioso com o resto da estória?

Você deve ter percebido que chamei de "estória", isso mesmo, pois não passa de uma ficção. Só usei-a para chamar sua atenção para o dia mais importante de sua vida. O dia de hoje!

Existem pessoas que estão neste momento presas ao passado, vivendo as coisas que já aconteceram ou que poderiam ter acontecido e ficam saudosos, tristes e até depressivos. Mas também existem aquelas que ficam vivendo o futuro, pensando no que ainda está por vir ou o que se imagina vir, sofrem por antecipação o tempo todo e deixam de usufruir as coisas plenamente.

Eu confesso que também já fui assim, vivia sempre planejando ou desejando voltar no tempo para corrigir meus erros.

No momento em que percebi que o passado não volta mais e o futuro não existe me libertei de todas as dores e aflições que me acompanhavam, pois no presente não existe dor, o que existe é um estado de fluir.

Viver no aqui e agora é estar vivendo plenamente as coisas de uma maneira tão poderosa que tudo se encaixa e se resolve como num passe de mágica.

Você já parou para observar uma criança? Senão, sugiro que faça isso pelo menos alguns minutos. Você vai perceber que a criança vive somente o aqui e o agora e consegue usufruir das coisas saboreando-as com alegria e prazer.

A criança vive sempre o seu estado essencial exatamente por estar focada no hoje, e quando é estimulada a isso torna-se mais feliz.

Você deve estar se perguntando: como faço para viver o aqui e o agora? Como faço para não me preocupar com o futuro e não pensar no meu passado?

É uma tarefa que exige inicialmente um esforço consciente e que muitos desistem por não saberem usar adequadamente os recursos internos existentes, como a ressignificação de crenças limitantes, a mudança de hábitos que atrapalham, a busca das coisas positivas e, principalmente, praticar e usar melhor os sentidos, enxergando, ouvindo e sentido mais as coisas ao seu redor.

Não estou aqui propondo a você que esqueça o seu passado e não planeje o seu futuro, não é isso! O seu passado é sua história e olhar para ele fará você aprender e evoluir, planejando o seu futuro você diminuirá riscos e aumentará a possibilidade de êxitos.

Estou chamando a sua atenção para aonde você vai colocar o seu foco. Isso faz toda a diferença! Quando se tem o foco no aqui e agora, você consegue usufruir as coisas plenamente, consegue se conectar com as pessoas verdadeiramente e até perceber se está indo no caminho certo que planejou.

Portanto, o melhor dia da minha vida é HOJE!

O encontro com a pessoa mais importante que você tem na vida

Se você pudesse escolher no seu ciclo de convivência a pessoa mais importante da sua vida quem seria?

Talvez seu pai, sua mãe, algum de seus irmãos ou até mesmo um amigo ou mentor. Se você marcasse um encontro com o intuito de resolver as diferenças entre você e essa pessoa, qual seria essa diferença?

Como você marcaria esse encontro? Onde seria o lugar mais adequado para vocês se encontrarem? Quanto tempo você acha que seria necessário para que esse encontro fosse o que realmente desejava? O que você começaria dizendo a essa pessoa? E ao dizer, qual seria a resposta desejada por você? E caso a resposta fosse diferente do que você esperava, qual seria a sua devolutiva?

Pare e pense um pouco sobre cada resposta a dar para todas estas perguntas.

"Poxa Mazullo! Tenho tanta coisa a dizer para essa pessoa, a questionar, a resolver que realmente precisaríamos de muito tempo."

Façamos o seguinte, vamos à primeira pergunta: Quem seria a pessoa mais importante da sua vida?

Se em nenhum momento pensou que a resposta seria VOCÊ, sugiro que repense e talvez isso te traga um grande aprendizado, pois em ordem de prioridades, de importância só poderemos dar o devido valor às outras pessoas e amá-las como elas merecem, se antes nos priorizarmos e nos amarmos, caso contrário sempre estará faltando algo para você e para essas pessoas.

Vejo muitas pessoas com receio de se colocarem em primeiro lugar, com medo de serem rotuladas como egoístas e insensíveis e se esse é o seu caso saiba que realmente há um risco enorme disso acontecer, mas somente se você permitir.

Para evitar essa armadilha, após definir-se como uma prioridade na sua vida e ter aquela conversa com você mesmo, respondendo às perguntas acima e preenchendo os espaços necessários para se sentir uma pessoa plena, comece a compartilhar essa plenitude e cuide das pessoas importantes que você tem na sua vida, refazendo uma lista da importância que cada um terá pra você.

Pois assim terá sua autoestima equilibrada e será também uma pessoa generosa capaz de fazer a diferença na vida de todos os que estão a sua volta.

O exemplo começa em casa

Era domingo à noite e eu estava no aeroporto esperando meu voo para voltar para casa depois de um final de semana de trabalho, e como de costume liguei para minha casa e comecei a conversar com minha esposa sobre vários assuntos, inclusive sobre a nossa filha mais nova que tem cinco anos.

Após desligar o telefone comecei a pensar sobre o quanto sou privilegiado por ter filhas maravilhosas e uma esposa que, além de me amar, ama minhas filhas e faz tudo para que a harmonia permaneça dentro da nossa casa.

Comecei então a pensar sobre minhas filhas e seus comportamentos e tive um lindo *insight*, percebi que muitos comportamentos que elas têm vêm de mim e muitos outros das mães - no plural porque minha primeira filha é fruto de um casamento que foi desfeito e a segunda é da minha atual esposa.

Talvez você que lê este artigo já deve ter ouvido que determinada pessoa herdou algum comportamento do pai ou da mãe e isso pode parecer que vem com a genética. Foi aí que comecei uma pesquisa simples com pais e mães de vários segmentos e classes sociais.

A pergunta que fiz para esses pais foi qual comportamento os mesmos percebiam em seus filhos que eram parecidos com os deles.

As respostas foram as mais variadas, desde o comportamento mais negativo ao mais positivo, mas todos foram unânimes em dizer que as vezes se viam em seus filhos.

Isso é fato, já que enquanto pais estamos convivendo com nossos filhos, nos comportando como aprendemos, tomando decisões com base no que acreditamos e tendo resultados dos mais variados possíveis.

Só que durante a fase da primeira infância, somos os únicos modelos que nossos filhos têm e servimos de espelho para eles, e através de nossos exemplos estamos programando nossos filhos para repetirem os nossos comportamentos.

"Mas como explicar o fato de que temos filhos que não se parecem em nada comigo?", ouvi isso de uma mãe que me falava de sua tristeza por perceber que a filha era muito melhor do que ela, pois a pequena era comunicativa e bastante expressiva, e ela era tímida e discreta.

Se fôssemos mais a fundo na pesquisa com essa mãe iríamos conseguir mostrar a ela que de alguma forma ou através de algum fato vivido ela havia se programado para se comportar daquele jeito, e se sua filha estava sendo o oposto dela, provavelmente, foi responsabilidade dela ou do pai. Pois já vimos casos em que os pais programam seus filhos para agirem como eles desejavam agir, e mesmo isso tendo acontecido é porque em algum momento eles também agiram dessa forma, pois ninguém sente falta daquilo que nunca teve.

Outro fato importante é que comportamento é aprendido e não herdado, mesmo que inconscientemente nos comportamos igual aos modelos que tivemos quando criança.

Por isso preste muita atenção aos exemplos que estão dando para seus filhos. E lembrem-se de que eles serão vocês no futuro e qualquer que seja o resultado gerado em suas vidas, vocês têm uma grande parcela de responsabilidade. Isso pode até pesar em seus ombros, mais é pura verdade!

O modo padrão de sua mente

Você já deve ter comprado um aparelho celular e ele veio em um modo padrão, praticamente com uma programação padrão, e ao longo do tempo você foi baixando aplicativos e inserindo dados pessoais, como agenda, fotos e vídeos.

Com o tempo, o que era modo padrão passou a ser um modo customizado e personalizado, até o momento em que por algum motivo o seu aparelho precise ser "resetado" para que ele volte ao modo padrão.

Sua mente, reservada às proporções, tem as mesmas características, porém de uma forma ampliada e mais completa.

Quando você nasceu ela estava no modo padrão e seguiu assim durante um bom tempo, até você ir crescendo e acrescentando alguns "aplicativos" que passaram a fazer parte integrativa de você, contribuindo com seus comportamentos, entendimentos e resultados obtidos em sua vida.

Como o exemplo do celular, em algum momento você precisará voltar a sua mente ao modo padrão.

Se ao ouvir essa afirmação você ficou intrigado, ótimo! E se você perguntou se isso é possível? Ótimo novamente! É possível e de uma forma muito simples, porém com enorme poder de solução e organização da nossa vida.

Primeiro, quero que pense um pouco em como seria o modo padrão da sua mente, e depois observe uma criança, veja que ela está vivendo num mundo mágico, onde tudo é possível e a imaginação não tem limite, pois a criança vive o tempo todo a própria essência.

Você provavelmente pode estar se perguntando: Mas como o fato da criança viver a sua essência tem a ver com o modo padrão da minha mente?

Tudo amigo! E esse é o caminho para voltar ao modo padrão de sua mente, conseguir chegar à sua essência.

Ao descobrir o caminho para isso e torná-lo consciente, você poderá fazê-lo com mais frequência e, assim, viver plenamente as coisas de maneira mais prazerosa e com extraordinários resultados, sendo criativo, amoroso e feliz.

Quer saber como? Calma!

Existem várias formas e uma delas você já pratica em seu dia-a-dia e nem percebe!

Lembra quando você começa a fazer uma atividade como ler um livro e de repente sua mente começa a divagar? Pois é aí que inicia o modo padrão da sua mente, colocando ela totalmente desconectada sem nenhuma ligação com ponto algum, pensando em nada e, ao mesmo tempo, em tudo, porém deixando-a sempre no aqui e agora.

Uma outra forma mais profunda e intensa é fazer sessões de Renascimento Integrativo, para que através de sua respiração integrativa você consiga chegar à fonte da sua essência e integrar o que realmente importa, eliminando tudo o que te impede de viver plenamente.

Outra possibilidade é praticar momentos diários de meditação, ficando alguns minutos em um lugar tranquilo e buscando se sentir feliz em companhia da pessoa mais importante no mundo para você que é **VOCÊ MESMO.**

Como você reage quando recebe reconhecimento por alguma coisa?

Recentemente, vivi uma experiência emocionante e comprovei mais ainda o poder do reconhecimento!

A gratidão está na minha escala de valores, e costumo reconhecer o que recebo das pessoas e do universo, procuro praticar a reciprocidade. Diante disso, resolvi, como forma de reconhecimento, homenagear um grande amigo que tem, de forma direta e indireta, um pouco de responsabilidade por todo o sucesso que tenho alcançado na vida, isso o deixou muito feliz e igualmente emocionado. Segundo ele, a homenagem veio no momento certo, pois está vivendo uma situação em que o reconhecimento era o que ele mais precisava.

Isso me fez pensar sobre os vários reconhecimentos que recebo. E busquei perceber quais sensações tenho ao receber esses reconhecimentos e vi o poder que isso tem na minha vida e os resultados gerados.

Você que é um líder, pratique essa ferramenta fantástica, que é o reconhecimento, e de preferência publicamente, isso vai transformar, cada vez mais, seus resultados e de todos a sua volta.

Outra coisa importante é você aprender a se sentir bem com os reconhecimentos que recebe, e ao invés de afastar, internalize esses reconhecimentos, guarde dentro de você em um lugar muito especial e veja o poder que isso vai tendo ao longo de sua vida.

O perigo mora ao lado!

João era um cara boa *praça*, desses que fazem tudo para ajudar a todos. Certo dia, ele ouviu no corredor da empresa onde trabalha que seu melhor amigo havia sido demitido, e ninguém sabia o real motivo.

Inconformado ele foi procurar o amigo no intuito de saber o motivo da sua demissão. Ao encontrá-lo ficou mais intrigado, pois nem ele mesmo sabia o real motivo e, segundo ele, não havia feito nada de errado.

João montou uma verdadeira investigação sobre o caso. Assim, foi descobrindo que seu amigo, que aparentava ser uma boa pessoa, estava envolvido em um emaranhado de fofocas e que o mesmo era responsável por desavenças e intrigas de muitas pessoas dentro da empresa, inclusive ele já tinha sido vítima de seu suposto amigo.

A estória de João é ficção, mas bem que poderia ser um história real!

Existe uma coisa que está destruindo as relações em empresas, grupos de amigos e famílias, chama-se "fofoca".

Trata-se de algo tão devastador que é capaz de acabar com o respeito, a admiração e até mesmo o amor entre as pessoas.

Precisamos rechaçar com veemência esse mal e eliminá-lo sempre que detectado, pois geralmente o "fofoqueiro" está cheio de "boas intenções" e nem percebe o que está fazendo. Acha que na verdade está ajudando, quando chamado para a realidade fica extremamente ofendido e sai disseminando mais fofocas, atribuindo aos outros a responsabilidade dos resultados obtidos na vida.

Um das armas mais poderosas contra a fofoca é o amor, usando ele você consegue neutralizar qualquer mal e ainda transformá-lo em um bem maior. Use-o em todas as situações adversas que a vida vai colocar em seu caminho e o resultado disso será uma vida harmoniosa e plena.

E você, tem esse comportamento? Perceba como se sente ao falar de alguém, pratique escutar a si mesmo e caso sinta prazer em fazer isso, sugiro que busque mudar imediatamente esse sentimento com relação a falar dos outros e afaste-se de pessoas com esse comportamento, pois você poderá ser a próxima vítima.

O que acontece quando percebemos o AMOR em nossa vida!

Já há algum tempo venho querendo escrever algo sobre o amor, mas sempre ficava imaginando como fazer isso sem cair na pieguice, então resolvi antes de escrever observar a presença dele em minha vida, sobretudo nas coisas que eu faço.

Fiz o que chamamos, na PNL, de Pesquisa Transderivacional e fui buscar na minha essência o real significado e os efeitos que a presença ou a falta de amor produzem em mim e nos meus resultados.

Foi uma tarefa desafiadora, mas com ganhos imensos. Pois percebi que muitos problemas que gerei foram pelo desconhecimento do verdadeiro significado do AMOR. E eu não entendia o motivo de obter os resultados que estava obtendo, já que eu tinha a certeza que estava fazendo as coisas com amor.

Foi revelador quando percebi que estava muito na superficialidade e que eu devia descer mais ainda nos porões do meu ser, ir a lugares que nunca fui. Foram muitas sessões de Renascimento, muita acuidade sensorial utilizando o micro e macro em todos os sentidos.

Fiz muita verificação ecológica e, em cada oposição de minhas partes, fiz acordos condicionais e reestruturação em seis passos.

Para você que está lendo pode parecer difícil de entender o que estou falando, pois as ferramentas utilizadas e aqui descritas por mim são todas aprendidas com PNL.

Estou me sentido livre e potente para refazer o meu caminho e ladrilhá-lo por completo usando minha essência, pois ela é constituída de amor.

Estou me sentido um pai melhor para minhas filhas, pois olho para elas e consigo me ver em cada "partezinha" delas.

Estou me sentindo um esposo melhor, pois consigo ver o amor transpirando na respiração da minha linda esposa e usufruo de cada partícula dessa respiração.

Estou também me sentindo um líder melhor, enxergo mais ainda em cada líder de nosso time, o quanto eles fazem o que fazem por amor.

E por fim, me sinto um profissional ainda melhor, pois realizo minha missão de vida, hoje, me enxergando em cada treinando que vem para nossos treinamentos, com a mesma vontade de descobrir o potencial infinito que temos.

Como somos perfeitos! Não é à toa que a bíblia cita nossa semelhança com o Criador, pois somos criação dele e só poderíamos ser perfeitos.

Se depois de ler esse texto ainda estiver em dúvida sobre sua perfeição e o poder do verdadeiro amor em sua vida, feche os olhos e escute a sinfonia que é seu corpo, perceba a harmonia que existe pulsando em suas células e sinta a presença infinita do Criador dentro de você.

Mesmo que em muitos momentos da sua vida você vivencie adversidades e só saiba utilizar a guerra em vez da paz, perceba que sua essência é totalmente constituída de amor e quando se chega a fonte dessa essência, se conquista a doçura e a inocência, trazendo para si prosperidade, abundância e AMOR.

Os vários papéis que temos em nossa vida

Hoje quero levá-lo a uma reflexão sobre o que você faz e como faz nos mais variados papéis de sua vida. Independentemente de quem você é ou do que faz, naturalmente está inserido em grupos e para cada grupo você tem um papel.

Começamos a exercer esses papéis desde muito cedo, pois quando nascemos iniciamos como filho, porém seu papel é se alimentar, chorar e realizar algumas necessidades fisiológicas. Depois passamos a compreender o papel de filho e isso nos traz mais responsabilidades e nos coloca em outros papéis, como sobrinho, primo, neto e etc.

Vamos a escola e passamos a exercer o papel de aluno. Começamos ciclos de amizades que nos trazem outros papéis e, assim, mais responsabilidades e atribuições. Daí passamos a trabalhar e o trabalho nos obriga a exercer o papel de funcionário, colega de trabalho e, se for o caso, de líder. Ah! Ainda tem os nossos relacionamentos amorosos, que se evoluírem para um casamento teremos também o papel de esposo, genro, cunhado e se vier um filho, o papel de pai.

Ao longo da vida são muitos papéis e é exatamente o ponto em questão aqui!

Quantos e como você é em cada um desses papéis?

Vou sugerir um pequeno e divertido exercício. Pegue uma folha de papel e lápis. Desenhe um círculo no meio da folha e coloque o seu nome, sendo você nesse círculo central, e comece a fazer outros círculos ao seu redor, colocando em cada um desses círculos o nome de cada papel que você exerce na sua vida. Você vai se surpreender com o resultado!

Feito o exercício, pense em como você é e o que faz em cada um desses papéis. Eles estão congruentes? Estão alinhados? São semelhantes? E seus valores, você consegue percebê-los ao exercer esses papéis? Quantos desses papéis estão longe ou perto de sua essência? Quais sentimentos você tem ao exercê-los? Dedique um tempo para cada papel e responda as perguntas.

Respondendo essas e outras perguntas que você venha a desenvolver, lhe permitirão perceber o que e qual papel precisa ser revisto. Ao perceber isso, assegure-se de que o papel que porventura queira modificar só depende de você, pois caso contrário correrá o risco de colocar os ajustes de sua vida na mão de outras pessoas.

Existe uma frase que diz: "Nascemos originais e morremos cópia!". Isso acontece por talvez ao longo da vida passarmos a exercer nossos papéis com base em modelos e, assim, nos afastarmos de nós mesmo.

Seja sempre a melhor versão de si mesmo em cada papel exercido em sua vida, buscando sempre a espontaneidade no que venha a fazer.

Qual a melhor avaliação para se tornar um profissional com qualidade?

Recentemente, recebi um *feedback* de uma gestora cuja sua equipe havia participado do treinamento de Desenvolvimento e Liderança, que realizo em vários lugares do país.

Trata-se de uma gestora que busca conhecer sua equipe, a fim de promover melhorias e, para tanto, realiza constantes pesquisas e avaliações com todos.

Na avaliação de uma das suas colaboradoras aparecia um resultado antagônico com relação a opinião da mesma e das outras pessoas da equipe. A colaboradora sempre se avaliava positivamente e a equipe o contrário. Ela então resolveu colocar a colaboradora para fazer o treinamento de Desenvolvimento e Liderança e, em seguida, realizou novamente outra avaliação e o resultado foi completamente diferente das outras vezes, pois a colaboradora, que antes se avaliava diferente da equipe, passou a ter mais assertividade e uma visão de si mesma mais próxima da realidade.

Quando recebi o *feedback* da gestora fui refletir sobre o assunto e buscar aprender um pouco mais sobre a situação. O treinamento que falei agora a pouco e que a mesma havia participado trabalha de forma subjetiva e vivencial, objetivando o autoconhecimento e, assim, o participante sai conhecendo com profundidade a si mesmo e consciente dos padrões de comportamentos que antes não conseguia enxergar.

O autoconhecimento promove mudanças e melhorias, pois o princípio básico da mudança de algo é conhecer o que se quer mudar, ou seja, no caso da colaboradora foi conhecer-se e decidir o que melhorar.

Quando um gestor quer promover uma melhoria em sua equipe a avaliação trezentos e sessenta graus é uma boa ferramenta, porém é importante que o colaborador avaliado tenha um autoconhecimento para assim perceber com mais precisão os resultados de seus comportamentos perante a equipe e a empresa.

Por isso amigos promovam o autoconhecimento de suas equipes e isso resultará em uma equipe consciente e capaz de atingir os melhores resultados.

Qual impacto pode trazer para a vida alcançar um objetivo ou um sonho?

Você provavelmente já alcançou algum objetivo almejado e o que isso trouxe de resultado para sua vida, além do objetivo alcançado?

Faço essa pergunta para muitas pessoas e quase que unanimemente a resposta é: Não sei! Alguns respondem: Felicidade! Tudo bem que ao conquistar algum objetivo você se faça feliz, mas saiba que pode ir muito mais longe.

Vou explicar melhor!

Para realizar algum objetivo, seja ele pequeno ou grande, você usou uma estratégia que possibilitou alcançar o seu objetivo e essa estratégia muitas vezes foi realizada de forma inconsciente, e quando tomamos consciência da estratégia utilizada podemos usá-la para realizar qualquer objetivo.

O fato é que potencialmente temos todos os recursos necessários para agir efetivamente e concretizar sonhos e metas.

Qual foi o último objetivo que você conquistou?

Vamos fazer um exercício simples e rápido para você que está lendo este artigo perceber isso.

Pegue caneta e papel, procure um lugar tranquilo, longe de qualquer interferência, sente-se confortavelmente e permita-se fechar os olhos por alguns minutos.

Pense exatamente no momento em que alcançou o objetivo e reviva esse momento em cada detalhe.

Escreva o que você está vendo, ouvindo e sentindo ao reviver esse momento de conquista.

Ao ver as imagens anote também se elas estão nítidas ou embaçadas, em preto e branco ou colorida, em movimento ou parada, perto ou longe.

Se houver sons em sua conquista perceba como está o volume desse som.

E se houver sensações perceba quais e onde você as sente.

Mapeando as imagens, sons e sensações você estará encontrando os metaprogramas utilizados pelo seu sistema psíquico para realizar as coisas.

Se quiser testar, faça o mesmo processo com algum objetivo que você não conquistou e perceba a diferença dos metaprogramas utilizados na estratégia que usou para não alcançar o objetivo.

O fato é que alcançar um sonho ou uma meta terá uma influência muito maior na sua vida do que simplesmente se sentir feliz.

E sempre comemore cada objetivo conquistado, mesmo que seja um pequeno objetivo, crie o hábito de comemorar suas vitórias.

Quando a oportunidade bate na sua porta

Essa semana estive com uma amiga, e conversando com ela indiquei a leitura de um livro e me chamou a atenção o fato dela ter anotado a dica do livro e falado: "Mazullo vou comprar e ler esse livro, pois acredito que é Deus que está te enviando para me dar essa dica e tenho certeza que é uma oportunidade." Ao nos despedirmos ela enfatizou que ao sair já iria atrás do livro.

Passei o dia pensando no que ela havia me falado e comecei a perceber mais as pessoas e o que acontecia comigo naquele dia.

Quando você se abre para perceber o que está de fato acontecendo ao seu redor, verá que a todo instante os acontecimentos são grandes oportunidades e aproveitá-las é uma questão de percepção e decisão.

Percepção para reconhecer a oportunidade e decisão para aproveitá-las. Às vezes aparentemente são pequenas oportunidades e quando aproveitadas elas se transformam, num ritmo acelerado, em uma grande oportunidade.

Através do meu trabalho estou constantemente contribuindo para que as pessoas percebam essas oportunidades e as transformem em resultados e aprendizados, e isso tem me trazido um crescimento profissional e pessoal.

Não estou falando apenas de oportunidades de ganhos materiais ou de crescimento financeiro, mas um crescimento ainda maior e que traz como consequência ganhos materiais e financeiros.

Faça uma reflexão e responda: Quem foi a última pessoa nova que você conheceu? E qual oportunidade você percebeu ao conhecê-la?

Eu acredito que ninguém passa por nós por acaso e sempre temos algo a aproveitar com essa oportunidade de conhecer alguém ou de estar com quem já conhecemos.

Vivemos em uma grande "teia" que nos conecta com todas as pessoas que nos relacionamos, e essas conexões nos transformam em um enorme átomo.

Sugiro um teste! Ao iniciar seu dia perceba quem são as pessoas que você tem contato, escreva o nome delas em uma folha de papel e procure perceber qual oportunidade esse contato te trouxe.

O resultado desse teste vai ser surpreendente e divertido, além de ser uma grande oportunidade de se abrir para os aprendizados e o crescimento.

Aproveite, agarre, curta, usufrua e, principalmente, comemore com vontade todas as oportunidades que a vida lhe oferece.

Fazendo isso, o crescimento e a prosperidade serão uma consequência em sua vida.

Quando você decide algo, qual a importância de sua intuição?

Essa semana fui chamado por uma pessoa que me pediu orientações sobre uma decisão que precisava tomar e a mesma estava querendo ouvir sua intuição para decidir, porém estava com medo disso.

Na minha opinião, a tomada de decisão acertada é aquela mais ecológica, pois assim você estará cuidando de tudo que está dentro de você e ao seu redor.

Primeiro, deixa eu falar um pouquinho do que acredito ser o que as pessoas chamam de intuição. Somos constituídos de partes, inclusive em nosso sistema nervoso, e essas partes se manifestam de acordo com os seus interesses, e ouvir essas partes faz toda a diferença, pois elas estão funcionando e buscando a todo custo atender as intenções delas, acredite você ou não são totalmente positivas. Isso para mim é intuição!

Antes de tomar uma decisão, fazer uma boa verificação ecológica ajuda a dirimir problemas, sensações indesejadas e, até mesmo, melhorar o resultado gerado pela tomada de decisão.

Você deve estar se perguntando: Mas como faço essa verificação ecológica?

É simples e rápido, porém exige vontade e empenho!

Vamos fazer um exercício para que você possa praticar a verificação ecológica nas suas próximas decisões.

Primeiro, quero que pense em alguma decisão que você precisa tomar nas próximas horas. Comece com uma decisão leve, pois aqui é somente um exercício.

Feito isso, tenha lápis e papel em mãos para fazer algumas anotações, e comece escrevendo o que você vai alcançar tomando a decisão, ou seja, seu objetivo.

Agora olhe para seu objetivo escrito no papel e verifique de maneira consciente se existe alguma coisa que o impede de alcançar esse objetivo. Se a resposta for não, continue a verificação ecológica.

Agora pesquise no seu inconsciente, procure uma posição confortável, feche os olhos e busque um relaxamento para que possa entrar em sintonia com você mesmo. Feito isso, pergunte-se: Há algo dentro de mim que é contra alcançar esse objetivo? A resposta que vier não questione, pois fazendo isso poderá quebrar a sintonia, impedindo-o de perceber as respostas mais assertivas.

Se todas as partes estiverem a favor de sua decisão ou do objetivo alcançado é hora de verificar o que estar ao seu redor, pois existe um grupo de pessoas que estão inseridas no seu ciclo e ligadas a você. E qualquer decisão sua, vai alterar o ciclo dessas pessoas. Para isso verifique se o seu objetivo, altera o ciclo delas, e se alterar, que tipo de alteração vai causar. Fazendo verificação ecológica para tomar decisões, você estará diminuindo o impacto delas e melhorando a possibilidade de uma harmonia entre você, seus objetivos e as pessoas a sua volta.

Quando você foca na solução!

Imaginem uma linha reta, onde durante muito tempo você a construiu e se acostumou com ela, e de repente, por algum motivo, essa linha se parte ou sofre alterações na sua trajetória e deixa de ser reta. Assim, o que antes você conseguia ver de um ponto ao outro, se tornou difícil.

O que você faz?

Existem pessoas que são orientadas para olhar somente o problema. "Nossa! Eu nunca mais vou conseguir ter minha linha reta? Vou sofrer muito...blábláblá..."

Há muito tempo venho observando minhas atitudes com relação aos problemas e rupturas que sofro em minhas linhas retas, e confesso que no início desse processo eu me sentia muito frustrado, pois eu era uma dessas pessoas que falei acima.

Muitas vezes, um pequeno problema eu olhava e dava uma super dimensão e transformava-o em um cataclismo.

Decidi então evoluir nesse aspecto, e para isso o primeiro passo foi reconhecer esse meu padrão de comportamento para daí decidir o que, e como eu mudaria. Busquei exemplos de pessoas que tinham sempre o foco na solução dos problemas e me deparei com muitas delas ao meu redor.

Passei então a observá-las e entender mais como elas faziam isso, já que para mim era muito difícil e para elas era uma atitude tão natural que eu ficava encantado.

Percebi que fui programado para ser orientado para o problema quando eu era criança, pois sempre que existia um problema em nossa família se dava uma dimensão maior do que realmente tinha.

O fato é que eu queria ser diferente, pois o desgaste emocional e relacional com as pessoas era enorme. Comecei a reprogramar o meu comportamento, usando sempre uma escuta consciente do que eu falava e um estado de alerta do que eu fazia nos momentos de adversidades. E tenho obtido resultados fantásticos na hora de resolver os problemas.

As linhas que antes eram retas e inflexíveis, passei a substituí-las por linhas em três dimensões e com flexibilidade. E a cada problema procuro, antes de entrar nele, diminuí-lo e me dotar da certeza de que sempre encontrarei a solução buscando o aprendizado que posso tirar da situação.

Foque na solução e seus resultados serão melhores!

Quem sou eu?

Talvez você que lê esse artigo já deva ter feito a si mesmo essa pergunta uma ou mais vezes! E a resposta, você encontrou?

Durante muito tempo, procurei essa resposta e em alguns momentos acreditei que a pergunta deveria ser reformulada para "Quem somos nós?", pois comecei a acreditar que o ser humano era constituído de vários "EUS". Iniciei uma busca incessante de conhecer-me nos mais variados papéis que vivia, pois imaginava que essa seria a solução para o conhecimento real de quem eu era.

Eu estava convicto de minha teoria e tinha absoluta certeza que assim eu seria capaz de ajudar outras pessoas a resolverem questões existenciais.

Foi aí que a vida me deu a oportunidade de viver um final de semana que me fez repensar toda minha teoria. Isso mesmo, um final de semana!

Pude através de algumas vivencias reencontrar a minha mais pura essência e consegui identificar minha verdadeira missão e, assim, saber de fato quem sou eu.

Hoje ao perguntar às pessoas quem são elas, percebo o quanto a maioria não sabe realmente quem são. As respostas são as mais variadas como sou um grande pai, uma mãe que cuida dos filhos, um bom amigo, uma pessoa que busca ajudar os outros e etc.

Todas essas respostas são o que elas fazem e não o que são. Talvez, fazem o que fazem e a forma como fazem é usando o que elas de fato são. Pois nós somos a nossa própria essência e para conseguir responder quem realmente somos é preciso chegar a fonte dessa essência, tocá-la e senti-la com consciência, reconhecendo a missão e o propósito de vida, e viver essa essência a todo instante.

Observe uma criança, pois ela vive o tempo todo a própria essência e, talvez, quando tornar-se adulta essa essência estará evidente em suas ações e resultados, caso não seja bloqueada pelos intempéries da vida.

Responder quem é você talvez não seja tarefa fácil e simples, mas ao contrário do que algumas pessoas pensam é possível encontrar a resposta dentro de si e não fora, nos outros ou até mesmo em coisas.

Somos a nossa própria essência e isso não muda com o tempo ou pela influência do meio em que se está inserido.

Hoje tenho o privilégio de exercer minha missão de vida e vivo plenamente a minha essência. Tenho a consciência de quem eu sou. Hoje vivo harmoniosamente comigo e com toda minha ecologia e isso se traduz em paz, abundância e amor.

Portanto, quando alguém lhe perguntar "Quem é você?" Responda sem medo de errar: "Eu sou a minha essência!"

Você sabe qual é sua missão de vida?

Responder essa pergunta não é tão simples quanto parece, pois muita gente confunde a missão de vida com o que quer fazer, ou ainda, deseja ser o que os outros são.

Tenho feito essa pergunta a algumas pessoas e escuto várias respostas, menos o que realmente estou perguntando. Alguns dizem, ser um bom pai ou uma boa mãe, ser um bom gestor, ser isso ou aquilo e quando me aprofundo na pergunta a pessoa reconhece que sua visão sobre a pergunta está muito longe da verdadeira resposta.

Temos missões com relação aos grupos que estamos inseridos, seja na família, no trabalho, com amigos, etc. Porém a missão de vida vai além dessas pequenas missões.

A missão de vida de uma pessoa está ligada a identidade e a essência dela, portanto, para se descobrir é preciso buscar um profundo autoconhecimento e, assim, encontrar o motivo da própria existência.

Um bom exercício para se identificar a verdadeira missão é lembrar de quando você era criança. O que você fazia? Quais eram as atividades que desenvolvia com prazer? E qual era sua posição com o seus amigos?

A criança vive o tempo todo sua própria essência e vai mudando ao crescer. Revisitar esses momentos da infância pode ser revelador e permitir reencontrar-se consigo mesmo.

Quando se descobre a missão, a vida fica mais leve e prazerosa de se viver, o trabalho se torna passos importantes da existência e o amor presente em tudo o que se vive e em tudo o que se faz.

Anseio que cada ser humano possa descobrir a própria missão e para isso tenho como parte da minha contribuir para essa descoberta.

Meu maior prêmio quando termino um trabalho é ouvir das pessoas o quanto elas estão felizes por terem se reencontrado com a própria essência.

Quando escuto isso, aí sim, tenho a certeza de que exerci minha MISSÃO DE VIDA!

Você conhece alguém que tudo o que faz dá certo, seja na área profissional ou pessoal?

Hoje quero que façam uma reflexão sobre o sucesso, e para isso quero que pensem em alguém que conheçam ou que já tenham ouvido falar de seus êxitos em tudo que se propõe a fazer, seja na área PROFISSIONAL ou PESSOAL.

Você sabe o que essas pessoas têm de especial? Não?? Muitas vezes nem elas! Se você perguntar a elas, a maioria vai responder que não sabem ou que é sorte.

O que existe na verdade é uma programação mental para isso e essa programação foi feita quando a pessoa era criança, provavelmente entre zero e sete anos. Na maioria das vezes pelos pais, mas pode ter sido pelos irmãos, professores, amigos ou alguém que exerça um poder pessoal grande sobre ela.

Todas as suas experiências vividas desde sua concepção até os dias atuais são registradas no seu inconsciente e são guardadas de acordo com o significado que você deu a cada um desses momentos. E esses significados fizeram e fazem até hoje a diferença na sua vida. Algo que você viveu anos atrás pode ter o mesmo significado do que você viveu ontem e isso vai fazer você lembrar ou reviver o momento de forma mais intensa ou não.

Daí, o fato das pessoas terem fobias, traumas e não conseguirem se livrar facilmente disso, é porque ficam ciclando no mesmo pensamento e revivendo o fato a todo instante. Isso também é uma programação mental.

A boa notícia é que você pode reprogramar a qualquer momento de sua vida!

Um bom profissional de PNL (Programação Neorolinguística) pode ajudá-lo a reprogramar esses fatos, fazendo o que chamamos de *Reimprint* e de uma forma tranquila, pois não precisa revivê-los para mudar a programação.

Voltando a questão do sucesso, a base da PNL é a modelagem, ou seja, entender a estratégia de sucesso de alguém e usá-la como modelo para sua vida, podendo repetir ou reproduzir os mesmos resultados.

Essa modelagem vai além de repetir somente os comportamentos, requer modelar as crenças, valores e os metaprogramas utilizados.

O fato é que qualquer um pode reproduzir resultados e feitos extraordinários de pessoas tidas como gênios como, por exemplo, o Pelé, o Ronaldo fenômeno e até mesmo o nosso ex-presidente Lula.

Outra coisa importante são os sonhos, sobretudo os sonhos de infância. Quantos sonhos de infância você realizou? Quantos foram abandonados? Refletir sobre isso é peça fundamental para que hoje você tenha sucesso. Pois aí pode estar um dos elementos mais importantes da estratégia utilizada pelas pessoas de sucesso que falei no início deste texto: Realizar os sonhos!

Eu acredito que todo sonho é possível se realizar e em qualquer momento da sua vida, desde que exista uma estratégia física e psicológica para isso. Uma das melhores perguntas que faço quando alguém me fala sobre realizar sonhos é: Você está disposto de fato a conquistá-lo? Parece uma pergunta óbvia, mas não é! Pois vai além da vontade consciente da pessoa e é preciso alinhar o consciente com o inconsciente para que todos estejam buscando alcançar o mesmo objetivo e em perfeita harmonia.

Provavelmente você que lê este texto, já viveu situações de querer algo, se esforçar muito e não conseguir. Um bom exemplo é o ato de fazer exercícios físicos, muitos querem, precisam e até iniciam, chegando a pagar adiantado várias mensalidades em academias com a expectativa de assim conseguir cumprir o objetivo, mas o que acontece com a maioria? Pois é! Se você respondeu que a maioria desiste é isso mesmo que acontece, pois como falei isso é um desejo que vai além da vontade consciente da pessoa.

Meu objetivo aqui é que você possa em primeiro lugar saber que sucesso é algo que podemos alcançar utilizando um caminho lógico para isso e em segundo, que sonhos são possíveis de realizar, seja ele qual for e não importando em que ponto sua vida se encontra.

Desejo muito sucesso e conte comigo nessa deliciosa jornada que é viver!

A hora da Ruptura

Estamos vivendo uma época de ruptura em vários segmentos e o resultado disso pode ser muito bom, pois um acontecimento é só um evento e para ser bom ou ruim depende do significado que é dado a ele.

Romper algo pode não significar uma descontinuidade e sim uma continuidade melhorada. E contaremos com as informações dos erros e acertos anteriores, poderemos ajustar rotas e redefinir objetivos e prioridades.

Imagine que você trabalha em uma grande empresa e já está realizando o seu trabalho a oito anos e durante esse período você se tornou um *expert* no que faz. De repente você é convidado a assumir outra missão. E agora?

Ao imaginar isso, talvez você tenha até sentido um frio na barriga, por não saber o que vai acontecer. Um turbilhão de emoções são acionadas no seu sistema límbico, impulsionadas pela emoção mais básica do ser humano chamada de "medo". Tudo bem! Essa emoção é importante e se usada adequadamente vai lhe trazer resultados positivos.

A função do medo em nosso sistema é de proteção, e durante muito tempo o homem usou essa emoção, mesmo que de forma inconsciente para sobreviver. Com as rupturas, que ao longo da vida o homem foi passando, esse medo deixou de proteger e passou a impedir.

Na situação acima narrada, você está prestes a enfrentar uma ruptura e, assim, iniciar o outro ciclo. Você tem duas opções com relação ao medo: Deixar que ele o domine e assim fugir da ruptura ou usá-lo para protegê-lo e fazer as coisas com cuidado, qualidade e foco no resultado novo que se deseja atingir.

Um outro fator importante na hora da ruptura é poder contar com as pessoas a sua volta, conseguir que elas olhem para o fato com a perspectiva de uma possibilidade de melhoria geral e, assim, conseguir o engajamento de todos os envolvidos, para assim definirem bem as estratégias e os objetivos a serem perseguidos.

Da próxima vez que estiver diante de uma ruptura, saiba que está nas suas mãos transformá-la em algo positivo e, assim, se beneficiar do processo evolutivo das coisas e das oportunidades que a vida lhe oferece.

Pense nisso!

A jornada do herói

"Socorro, socorro... preciso de ajuda! Quem pode me salvar?".

Não, não é uma estória de super-heróis de revista em quadrinho ou como se diz em Portugal de banda desenhada. Pode ser a minha, a sua ou a de qualquer outro esse pedido de socorro e é aí que temos que recorrer ao herói que existe dentro de nós.

Todo herói possui uma jornada que começa muitas vezes com um chamado e este pode vir como uma doença, a perca de um ente querido, um fracasso, a oportunidade de ascensão profissional ou na conquista de um objetivo almejado.

O chamado pode vir sem que nem percebamos e estar atento a ele faz toda a diferença!

Muitas pessoas ao receberem esse chamado se sentem frágeis ou incapazes de atendê-lo e, assim, buscam fugas na tentativa de se livrar dele. Mas saiba que isso não adiantará e irá trazer sérias consequências, caso você não o aceite.

Após reconhecer o chamado, é hora de buscar suas armas para o enfrentamento do desafio e essas armas não estão fora em outras pessoas, mas dentro de si. Essas armas podem vir à tona como forças interiores capazes de transformar qualquer pedra que haja no caminho em lindos brilhantes. E a mais poderosa de todas essas armas temos em nossa essência que é o amor.

Usar essas armas irão garantir a travessia da jornada com altivez e levá-lo em direção ao pódio, mas antes de chegar podem aparecer os "inimigos" que não serão apenas aquelas pessoas que lutam contra você ou torcem para o seu insucesso, e sim os seus inimigos internos como a insegurança, a preguiça, o pessimismo, a baixa estima, a falta de confiança em si e, principalmente, a falta de amor próprio.

Quando esses "inimigos" aparecerem, você tem duas alternativas: deixar que eles o impeçam de continuar sua jornada ou enfrentá-los com garra e vontade de vencê-los, e a segunda opção pra mim é a mais indicada.

E ao enfrentá-los saiba que você não estará sozinho, pois todos nós temos nossos guardiões e que nos momentos necessários eles se fazem presentes em nossa vida, basta você olhar ao seu redor ou para dentro de si que será capaz de reconhecê-los. Esses guardiões nos darão forças e contribuirão para que possamos usar nossas armas, chegarmos ao pódio e usufruirmos dos prêmios que lá existem.

Ao chegar no pódio, muitos acham que a jornada do herói termina, mas ela está apenas começando, pois com a vitória e o sucesso virá também a responsabilidade de contribuir com a jornada de outras pessoas. E é exatamente nesse momento em que seu herói deverá estar forte e capaz de ajudar aos outros.

Todos vivemos nossa jornada do herói e, com absoluta certeza, temos extraordinariamente um herói dentro de si, merecendo sair e viver essa linda jornada do herói chamada vida.

Você costuma se comparar com quem?

Quero que você pare um pouco e pense sobre você e as pessoas com quem você costuma se comparar. O que te leva a fazer essa comparação? Qual o real motivo de você fazê-la?

Talvez o objetivo seja encontrar pontos no outro que você gostaria ou não de ter, e ao identificar isso você se sinta melhor.

Acredito que se comparar aos outros seja uma das maiores crueldades que esteja fazendo com você mesmo, pois é provável que encontre alguns pontos que julgue melhor no outro do que em você e isso vai aos poucos minando sua autoestima.

Ao invés de se comparar com o outro, será mais útil fazer uma comparação com você mesmo!

Vou propor um exercício poderoso e bastante eficaz para isso. Inicialmente identifique as fases mais importantes da sua vida, desde a fase infantil até essa que está vivendo hoje. Escreva o que você fazia, pensava e o que era importante em cada fase. Coloque tudo, fase a fase, uma do lado da outra, para que possa ter uma visão macro da sua linha do tempo. Feito isso, agora você poderá fazer uma comparação justa e mais construtiva.

Perceba o quanto você evoluiu de sua infância até hoje e identifique o que você gostaria de ter evoluído e ainda não o fez.

Encontrando esses *gaps* de melhorias, terá em mãos um excelente ponto de partida para sua evolução, pois estarão fundamentados nas suas experiências.

Depois de se comparar a si mesmo, agora sim é hora de buscar modelos para que possa encontrar características ou comportamentos que você queira internalizar e, assim, alcançar resultados positivos que esses modelos alcançam.

Fazendo assim, estará sempre fortalecendo sua autoestima e exercitando a verdadeira melhoria contínua.

Como chegar ao sucesso pessoal?

Para responder a essa pergunta, antes é preciso encontrar o que é sucesso para você, pois o conceito de sucesso é muito amplo e pode ir de complexo a simples.

O meu conceito de sucesso é conseguir realizar o que me proponho, atingindo o resultado que desejo. Portanto, antes de realizar qualquer coisa, eu defino bem aonde quero chegar e que resultado eu desejo ver, ouvir e sentir, para daí saber se o que fiz foi um sucesso.

Você talvez tenha algum desejo, ideia ou projeto que almeja realizar, por exemplo: Escrever um livro!

Para que esse livro seja um sucesso, defina o que realmente deseja ver, ouvir e sentir quando ele estiver escrito e impresso. Pois conheço escritores maravilhosos que desejam com suas obras literárias, apenas, que seus filhos tenham orgulho de ter um pai escritor. Outros almejam ver seus livros sendo lidos por pessoas de sua cidade e que o reconheçam como um autor. Mas tem aqueles que desejam que seus livros virem grandes *Best Sellers,* que ganhem prêmios e reconhecimento mundial.

Acredito que com esse exemplo eu tenha feito você enxergar que o seu sucesso está mais próximo do que você imagina.

Sou de uma cidade chamada Teresina, capital do Piauí, que é maravilhosa, de pessoas acolhedoras e aguerridas, e que a dez anos atrás ainda mantinha status de cidade pequena. Desde criança, eu ficava imaginando como seria viver em um lugar maior e quais desafios eu enfrentaria, como eu seria recebido pelas pessoas, e etc. Mas no fundo o que eu desejava era ter sucesso e acreditava que eu só conseguiria tê-lo indo para outro lugar. Até que um dia, resolvi sair de Teresina para realizar aquele sonho de ter sucesso. Foi uma experiência desafiadora e, ao mesmo tempo, maravilhosa, pois fui morar numa cidade muito maior, em Salvador, capital da Bahia, e comecei a realizar meu trabalho em várias cidades do Brasil. E para as pessoas que não me conheciam e não faziam juízo de valor da minha pessoa, avaliavam somente o resultado do que eu fazia.

E lá se vão dez longos anos, que me fizeram maior do que eu imaginava ser possível quando criança, pois além do Brasil, rompi barreiras e hoje atuo também na Europa. E posso afirmar que durante esse período que eu me preparei para estar onde estou e fazer o que faço, valeu muito a pena!

Cada obstáculo vencido, cada degrau subido, cada noite de sono perdida estudando, cada festa que deixei de ir para trabalhar, cada pessoa que encontrei durante a jornada e tudo que vivi nesses dias foram necessários, pois estou atualmente vendo, ouvindo e sentindo exatamente o que eu defini a dez anos atrás. E agora eu posso dizer, sem medo: EU SOU UMA PESSOA DE SUCESSO.

Conquistar isso na minha vida trouxe-me outra necessidade, que é a de contribuir com o sucesso dos outros e que tenho certeza aumentará ainda mais o meu sucesso.

Hoje reconheço como missão de vida, contribuir com a evolução de outras pessoas, seja através de meu trabalho ou até mesmo do meu exemplo.

Você que está lendo este artigo e que tem sucesso na sua vida eu convido-o a juntar-se a mim e ajudar outras pessoas a conquistarem o sucesso pessoal e profissional, prometo uma jornada incrível e que o resultado esperado será um sucesso ainda maior para todos nós.

E o sucesso dos outros te incomoda?

Recentemente, vivi uma grande experiência com relação a pergunta acima. Estava voltando de Portugal para o Brasil depois de uma semana de trabalho realizando o treinamento DL, que faço todos os meses, e também fizemos uma turma linda de um outro curso chamado Renaissance. Isso por si só já me dava motivos de sobra para que eu estivesse muito feliz, porém eu já estava a mais de quinze dias fora de casa longe das pessoas que eu amo que são minhas filhas e minha esposa e estava voltando para encontrá-las. E eu sabia que iríamos passar momentos maravilhosos, o que só aumentou ainda mais minha alegria de estar voltando.

Porém eu estava muito cansado e me dei o luxo de voltar de primeira classe, pois eu sabia que assim chegaria mais disposto em casa e curtiria ainda mais os momentos. Eu transpirava alegria, tirei fotos e enviei para minha esposa com uma taça de espumante brindando a vida e tudo que ela me proporciona.

Ao meu lado estava um rapaz que visivelmente estava incomodado com toda minha euforia e não se contentando com o comportamento hostil me perguntou se eu havia ganho aquela passagem em algum sorteio ou coisa do tipo. E eu sorrindo perguntei: Por que? Ele então soltou a seguinte pérola: O senhor está muito feliz! Eu olhei para o rapaz e percebi em seu semblante que realmente ele estava incomodado. Respondi que eu estava fazendo o que sempre faço, celebrando as coisas boas que a vida me dar.

Ele então rapidamente tentou se redimir, confessando que ele não fazia aquilo e que eu estava certo em fazer.

Não obstante a toda aquela situação perguntou-me, talvez com o intuito de confirmar suas desconfianças, se eu já havia estado em Portugal e minha resposta mais uma vez o surpreendeu e ainda o deixou frustrado. Disse-lhe, mostrando as fotos das turmas realizadas naquele mês, que todos os meses eu ia a Portugal realizar o DL. Deixei meu amigo visivelmente embasbacado e com um sorriso amarelo me parabenizou.

Como vocês sabem de todas as experiências que vivo procuro sempre tirar aprendizados e fui então refletir sobre o ocorrido. Comecei a fazer uma linha do tempo e lembrar das muitas vezes em que me incomodei ao ver alguém feliz ao meu lado e o que me trazia aquele incômodo. Vocês imaginam o que isso faz com as pessoas?

A inveja. E essa ferida que é considerada um dos pecados capitais da humanidade nos impede de ser feliz. E avaliando mais profundamente, ela acontece por nos faltar aquilo que desejamos, seja material ou não. O antídoto para ela é se tornar uma pessoa plenamente realizada, pois assim não haverá espaço para ela.

Tornar-se realizado não é tarefa fácil, porém absolutamente alcançável, pois muitas vezes conquistamos o que desejamos, porém não usufruímos e nem celebramos nossas conquistas.

Faça uma avaliação do que você já desejou e conquistou? E ao alcançar esses objetivos, quanto tempo você usufruiu dessas conquistas com satisfação? E você comemorou essa conquista? Isso é importante para você se tornar uma pessoa realizada e, assim, ao invés de se incomodar com o sucesso dos outros, vai é se sentir feliz e comemorar junto.

Inteligência

Inteligência financeira com prosperidade para as crianças, urgente!

Essa semana tive a oportunidade de assistir em um jornal da Rede Globo um profissional falando de inteligência financeira para crianças. Quando vi o assunto fiquei muito contente e parei o que estava fazendo para assistir.

Pensei: Oba! Deve ter dicas importantes para eu usar com minhas filhas.

O assunto é muito interessante para os pais que desejam que seus filhos tenham sucesso na vida e esse deve ser o foco: "Sucesso na Vida!".

A matéria começou e o profissional foi colocando a nós telespectadores um monte de crenças limitantes, e em momento algum falou sobre estratégias para fazer o dinheiro render. Tudo bem, você deve estar aí pensando: "mas ele falou sobre gastar o dinheiro de forma consciente e com planejamento". Exatamente!

Para que uma criança se programe para ter sucesso na vida financeira, enquanto adultos devemos ensiná-la como pode ganhar dinheiro de forma ética, honesta e fazer esse dinheiro prosperar.

Ensinar somente a gastar conscientemente, limitar gastos alegando que o dinheiro é pouco ou é trabalhoso ganhar, incorremos o risco de programar essa criança a se tornar uma adulto avarento, mesquinho e limitado.

Não estou aqui fazendo apologia ao desperdício ou ostentação, e sim programar nossos filhos a buscarem empreender, acreditarem que eles são capazes de prosperar e que podem transformar oportunidades em resultados.

Inteligência financeira é saber administrar os recursos que tem e transformar esses recursos em abundância e prosperidade.

Pense nisso, os seus filhos vão agradecê-lo no futuro!

Inteligência Emocional na formação educacional para o sucesso!

Estamos vivendo em um cenário de profunda transformação na educação do país, fala-se muito em uma nova forma de ensinar e aprender, ainda assim ao meu ver temos um longo caminho a percorrer, principalmente, no que diz respeito ao que estamos ensinando aos alunos.

Hoje, existem muitos dispositivos para medir o nível de conhecimento do aluno e sua capacidade intelectual, bem como a qualidade das instituições de ensino, porém preparar um aluno para ser um excelente técnico não vai garantir que ele venha a se tornar um profissional de sucesso.

Você pode estar se perguntando: E o que falta?

Você que está lendo este artigo deve conhecer ou pelo menos já ouviu falar de alguém que ao fazer algo faz com absoluto sucesso e de uma forma natural não importando a área. Mas eu também creio que você conheça pessoas que tenham os resultados inversos e tudo que se propõem a fazer dar errado.

Qual é a diferença da primeira pessoa para a segunda? Faço essa pergunta em quase todas as minhas palestras ou treinamentos e as respostas são as mais variadas, sendo que existe uma que é a mais respondida: VONTADE!

Se você também respondeu como a maioria, saiba que só a vontade não é suficiente. Pois mesmo as pessoas que fracassam possuem vontade e alguns se empenham muito, porém não conseguem produzir resultados positivos.

O que existe de fato nessas pessoas é uma programação mental feita na fase infantil por adultos que exerciam poder pessoal e que de alguma forma os programou para ter sucesso ou fracasso.

Essa programação se deu seguindo um caminho lógico e racional, porém utilizando a forma mais potente de aprendizado que é através da emoção.

Opa! Através da emoção? Isso mesmo, pois aprendemos as coisas usando duas formas, que é a repetição e a emoção.

Então voltando ao assunto do início deste artigo, o que precisamos incluir no sistema educacional para melhorar a possibilidade de sucesso dos alunos é uma educação emocional, pois aquelas pessoas que obtêm sucesso na vida são emocionalmente preparadas e utilizam todo o potencial emocional para ajudar o racional lógico.

Todos nós possuímos um conjunto de emoções que os neurocientistas consideram como emoções básicas que são: Raiva, Tristeza, Medo e a Alegria. São consideradas básicas por serem delas que derivam todas as outras emoções e elas funcionam o tempo todo.

É como se fossem as cores primárias, que quando misturadas derivam as cores secundárias.

As emoções básicas misturadas entre elas e aliadas a um binômio chamado atração e repulsão derivam as outras emoções. Algumas pessoas me perguntam como fazer para controlar as emoções? E esse é um grande mito. Pois não podemos controlar as emoções e sim utilizá-las de forma adequada. E para isso se faz necessário conhecer qual a função de cada emoção básica e treinar a utilização dessas funções.

Você já parou para pensar que possui um sistema nervoso altamente sofisticado e que é resultado de anos de evolução? Pois é! E acredite com toda essa sofisticação o que acontece dentro dele tem um objetivo importante para você.

As funções das emoções são diferentes, porém complementares. A alegria tem como função mantê-lo ativo e motivado e podemos dividi-la em dois tipos: as de curto e as longo prazo. As de curto prazo nos dar um gás e consegue nos impulsionar um pouco a mais, nos levando a alcançar resultados imediatos, porém precisa ser usada com muita cautela. Um bom exemplo desse tipo de alegria é uma balada que mesmo depois de estar exausto se você entra em uma balada animada, o cansaço é deixado de lado. Já a alegria de longo prazo são aquelas que desfrutamos de momentos importantes ao lado de quem amamos, capazes de nos possibilitar uma sensação duradoura de prazer toda vez que pensamos neles.

A tristeza tem como função nos alertar que existe algo em nossa vida precisando melhorar, e ela vem inicialmente leve e fraca, e a não observância desse sinal pode nos levar a uma depressão profunda.

Já o medo nos protege e garante a nossa integridade física, porém ele pode rapidamente perder essa função de proteção e passar a nos impedir. Daí se torna um "inimigo" implacável.

E por fim a raiva que é uma das emoções básicas mais poderosas, pois tem como função nos ajudar a destruir o que nos impede e por ter essa função precisa ser usada adequadamente. Pois ela tem muita força em nosso sistema e utilizar mal essa emoção pode nos trazer problemas eternos.

Usar as emoções adequadamente alinhando-as a capacidade racional e lógica vai aumentar a sua chance de ter sucesso em sua vida, seja no campo profissional ou pessoal, por isso sugiro que divida sua energia em aprender as coisas contemplando não somente o conhecimento racional, mas também o emocional.

Liderança

A força da congruência para liderança

Esses dias ouvi uma pessoa dizer que gostaria de trabalhar comigo e perguntei o motivo desse desejo. Ela respondeu que eu demonstrava ser um grande líder. Fiz outra pergunta, o que eu fazia que a levava a pensar isso? E a resposta foi que ela ouvia de minha equipe que eu vivo exatamente o que ensino nos treinamentos e, portanto, conseguia o comprometimento das pessoas.

Em outros tempos eu receberia essas respostas e me encheria de orgulho e vaidade, hoje eu busco refletir e aprender com as coisas que me acontecem e assim eu fiz.

Primeiro, fiquei imaginando se realmente era verdade o que ela ouviu da minha equipe, fiz várias linhas do tempo e busquei momentos de adversidades, pois são nesses momentos que percebemos mais nossas atitudes e resultados gerados.

Fui ao reencontro do Mazullo a dez anos atrás, e foi uma viagem emocionante, pois me vi em vários momentos em que buscava ter uma equipe de fato para que eu pudesse colocar em prática o que estudava nos livros.

Me considerava capaz de liderar uma equipe e tinha absoluta certeza que seria um bom líder, já que eu detinha o conhecimento adquirido na faculdade e nos livros de gestão que lia.

Finalmente consegui minha primeira equipe, fui trabalhar em um jornal na cidade que nasci e consegui chegar a gerente comercial.

Até que fui razoável, mas longe de ser um verdadeiro Líder!

Minha liderança se fazia muitas vezes pelo poder posicional do cargo e em muitas situações, eu percebia que a equipe se afastava de mim. Dessa forma, os resultados alcançados eram pela força do jornal e de toda uma estrutura ao meu redor.

Eu sentia que faltava algo, mas não sabia o quê. Eu ouvia muito que era por conta da minha idade, pois as pessoas estavam com inveja e queriam o meu lugar. Fui acreditando nisso e me afastando cada vez mais da equipe.

Resolvi então alçar voos solo e abri minha empresa, com o intuito de implantar uma gestão pautada na verdadeira liderança.

E mais uma vez imprimi uma liderança pífia, repetindo os mesmo padrões de comportamentos anteriores. O resultado você já deve imaginar, segui por um caminho insólito e a empresa quebrou.

O bom é que até esse ponto eu já havia desenvolvido uma forte característica empreendedora, que não me deixava desistir e, assim, fui estudar biografias de grandes líderes, passando também a observar os líderes próximos de mim. Nesse estudo encontrei várias características para uma grande liderança e uma das mais importantes, onde se repetia em quase todos eles, foi o exemplo.

Então me caiu uma enorme "ficha". Vi que para ser de fato um bom líder, eu deveria liderar minha equipe pelo meu exemplo e tudo que eu falasse deveria ser congruente com que eu fizesse.

Comecei uma busca do autoconhecimento, pois eu já tinha aprendido que para melhorar algo, antes, eu deveria conhecer esse algo, ou seja, eu mesmo.

Foi incrível e, ao mesmo tempo, assustador, pois passei a ver um Mazullo que não conhecia, cheio de crenças limitantes, vaidades e ego.

Decidi então quebrar tudo e reconstruir, e assim eu fiz!

Imaginem uma casa em que para reformá-la precise ser totalmente demolida. Foi assim que me senti, e depois de demolir a casa fui buscar o que existia de melhor para reconstruí-la. Me encontrei com a Programação Neurolinguística e, até então, tenho usado essa ciência fantástica para modelar a excelência e, hoje, busco uma evolução contínua, tanto na minha vida profissional quanto na minha vida pessoal.

Hoje, o que eu falo eu faço, me sinto totalmente congruente e o resultado disso? Uma equipe mais próxima de mim e com resultados mais consistente.

Fazer brincando, o resultado é muito melhor!

Existe um ditado que diz: "Quando se faz o que gosta não precisa mais trabalhar". Essa frase eu já ouvi de vários gestores e sempre pergunto para eles qual o significado de trabalhar, pois é como se trabalhar fosse algo que os impedisse de se sentir bem fazendo o que fazem. "Ah Mazullo! Mas o objetivo dessa afirmação é motivar as pessoas a fazerem o que realmente gostam", disse um diretor de RH de determinada empresa em que questionei essa afirmação. Tudo bem com o objetivo, mas talvez o significado que alguns possam dar é totalmente o contrário.

Mas deixando a retórica de lado, quero fazer você refletir sobre algo que acredito que tenha um efeito maior e mais motivador. Imagine um trabalho que você tenha que desenvolver e que os resultados precisem ser rápidos e sem falhas. Você é o coordenador e todo o sucesso depende, exclusivamente, de como você irá conduzir a equipe. Talvez esses ingredientes possam ser motivos de pressão e aumentem mais ainda a tensão do projeto.

Mas vamos imaginar que você coloque no meio dessa pressão algo que as crianças adoram, chamado brincar!

O psicanalista Erick Bern desenvolveu um trabalho chamado *"Analise Transacional"*, que estuda os compartimentos de ego que temos e um desses compartimentos chama-se "criança livre", responsável pela nossa espontaneidade, criatividade e dinamismo. Para que esse compartimento de ego se ajuste existe outro chamado "pai crítico", pois se utilizado excessivamente o "criança livre" pode ficar desajustado e os resultados podem ser desastrosos.

Bom, ajustes feitos! Vamos então ao ingrediente brincar! São gastos milhões de reais todos os anos em entretenimento e isso se dá porque o ser humano necessita do hormônio endorfina para que tenha energia e disposição. Essa indústria cresce a cada ano e passa longe de qualquer "crise", daí pergunto a você: Será que é por acaso que o entretenimento movimenta tanto dinheiro e gera tantos resultados para os envolvidos? Eu particularmente não acredito que seja por acaso! Acredito que seja pelo prazer que as pessoas sentem ao consumirem esses entretenimentos.

O resultado de fazer qualquer coisa se divertindo é infinitamente melhor do que o contrário, pois as pessoas se sentem bem realizando atividades onde possam se divertir, o ambiente fica mais leve e motivador quando se tem alegria.

Por isso quando estiver "fazendo brincando" o que você faz, o trabalho se torna prazeroso e vira festa. Coloque mais entretenimento na sua empresa, mais alegria em cada setor e preparem-se para colher os resultados fantásticos.

O que você sabe sobre autoliderança?

Eu cresci ouvindo a expressão "Fulano é um líder nato" e essa afirmação me acompanhou durante algum tempo, pois em muitos momentos da minha vida não me via com nenhuma capacidade de liderar nada.

Decidi então estudar o comportamento daqueles que eu considerava exemplos de liderança!

Busquei desde pessoas próximas até grandes mitos, como Sócrates e Sherlock Holmes. Em todos os exemplos encontrados, eu me imaginava na pele deles, como se eu fosse eles e isso me fez perceber dentro de mim forças que nem imaginava que possuía.

Os estudos desses líderes me permitiram também encontrar pontos comuns a eles e características que os tornavam pessoas capazes de inspirar outros a seguirem seus passos, a fim de repetir os mesmos feitos.

Percebi que a maioria deles havia adquirido as características inerentes a sua liderança e não nascido com elas, como anteriormente eu acreditava. E essa descoberta foi fantástica, pois abriu um mundo de possibilidades a minha volta e me fez querer aprender mais sobre como me tornar um grande líder.

Talvez você que está lendo este artigo esteja ansioso para saber quais são as características comuns a todos esses líderes que encontrei.

É normal esse seu desejo, pois ser um grande líder capaz de inspirar outras pessoas e obter grandes feitos na vida é o objetivo de muitas pessoas.

Existem muitas características e eu poderia colocá-las aqui como uma receita de bolo, mas não sou dado a esse tipo de incentivo ou mesmo de aprendizado, prefiro que você possa encontrar seus modelos de lideranças e ter suas próprias percepções, pois acontecendo isso você estará encontrando dentro de si os recursos necessários para ser um grande líder e, acredite, você tem todos os recursos para agir efetivamente como líder. Duvida? Façamos um teste:

Escreva em uma folha de papel cinco características que você acredita que um líder possui. Depois olhando para cada característica faça a seguinte pergunta a si mesmo: Eu nunca usei isso na minha vida?

Um exemplo: DETERMINAÇÃO. Eu nunca fui DETERMINADO na minha vida? Pelo menos uma vez?

Com absoluta certeza que a resposta será sim! Se você está sentido falta da determinação em sua vida, significa que você já usou esse recurso, pois ninguém sente falta do que nunca teve.

Chegamos então ao ponto chave da autoliderança. Saber que possui todos os recursos para agir efetivamente, é um grande passo, mas é preciso ir adiante.

Promover autoconhecimento é promover a mudança

Os desafios estão cada vez maiores! Você concorda com essa afirmação? Se sua resposta é sim, eu convido-o para uma grande reflexão sobre MUDANÇA.

Recebo muitas pessoas em treinamentos, atendimentos individuais ou nas empresas que realizo algum trabalho, com o mesmo objetivo, MUDAR.

Quando se está obtendo resultados diferentes do que se deseja, o princípio básico "deveria" ser mudar o que se está fazendo. Parece óbvio que a solução seja essa, mas não é! Muitas pessoas agem de forma inconsciente repetindo velhos comportamentos aprendidos em uma fase da vida e nem percebem isso. Existe uma frase famosa de Albert Einstein que diz: "É insanidade fazer sempre as mesmas coisas e querer resultados diferentes".

Na minha opinião é uma insanidade ainda maior querer mudar algo que não conhece, pois mesmo que faça algo diferente, ainda sim obter resultados diferentes requer conhecer o seu estado atual. Imagine você querendo chegar rápido em um determinado local e busca um caminho alternativo que não conhece e começa a andar em círculos, o tempo vai passando e você, cada vez mais, vai se distanciando de seu objetivo.

Antes de querer mudar algo, busque conhecer o que está querendo mudar, principalmente, com relação a você mesmo. Saiba que todos temos comportamentos, desejos e forças que conscientemente desconhecemos. E se permitir conhecer a si mesmo é promover a mudança.

Quando foi a última vez que você investiu em autoconhecimento? Que você parou para observar qual relação seus resultados tem com seus comportamentos? Que se permitiu mergulhar em seu mundo insólito de possibilidades ou limitações?

É muito comum encontrar líderes dentro das empresas buscando conhecimentos para melhorarem os resultados de suas equipes, mas eles negligenciam o que realmente pode promover mudanças, que é o autoconhecimento. Pois somente conhecendo-se o líder, é que pode-se exercer a única forma de liderança que existe, a pelo exemplo e, assim, alcançar melhores resultados diante dos desafios.

Pesquisas realizadas pela empresa americana de consultoria PWC mostram que sete entre dez das maiores escolas de Líderes do EUA orientam seus alunos a buscarem como princípio básico o autoconhecimento, antes de iniciar o programa de formação de líder em que o aluno vai se submeter.

Aqui no Brasil, os programas mais efetivos de formação de líderes são os que promovem uma imersão total e permitem que o líder seja testado nas mais variadas situações adversas e, assim, possa ter consciência do que pode melhorar ou alterar.

Se você é um líder e quer melhorar seus resultados, busque investir no seu autoconhecimento, pois assim você estará promovendo a verdadeira mudança.

Qual a diferença entre o Líder que você acredita ser e o Líder que as pessoas acreditam que você é?

Como as pessoas agiriam se você tivesse um problema de saúde e tivesse que se ausentar de suas atividades profissionais?

Certa vez, o ex-técnico do time do Vasco, Ricardo Gomes, abalou o mundo do futebol ao sofrer um AVC (Acidente Vascular Cerebral). Mas o que me chamou a atenção, além da comoção pelo incidente, foi como as pessoas, que vivenciam esse universo do futebol, reagiram apoiando o técnico. Cheguei a me emocionar vendo vários times e várias torcidas organizadas estampando mensagens positivas pedindo a recuperação do técnico.

Isso me fez pensar muito sobre o que aconteceria com minha equipe e com as pessoas, que de alguma forma vivenciam o meu universo, se eu tivesse que me afastar por algum motivo de saúde.

Essa reflexão é importante se fazer em vários momentos de nossa vida como Líder, pois todos estão propícios a viver tal situação.

Não estou dizendo para você viver achando que vai acontecer algo e se comportar como se já tivesse com algum problema de saúde. O objetivo aqui é te levar a refletir sobre suas atitudes como Líder. Pois acredito que as homenagens e orações que o técnico Ricardo Gomes recebeu se deram pelo fato de ele ter sido sempre um exemplo de grande Líder, e tenha trabalhado para levar evolução às pessoas.

Os resultados que você está obtendo são uma ótima forma de se avaliar o que está fazendo, pois essa relação é absolutamente proporcional. E isso vale também em sua casa, na família e em qualquer papel que você exerça dentro dela.

Preste atenção nas pequenas coisas que acontecem no seu dia-a-dia, pois são os detalhes que fazem a diferença. E se fazer alerta a esses detalhes vai te aproximar mais do Líder que você acredita ser e do Líder que as pessoas acreditam que você seja, e em uma hora de ausência, talvez você mereça o carinho e as orações das pessoas que o cercam.

Três palavras que juntas transformam qualquer equipe

Se você é gestor, empresário ou pensa em abrir um negócio, deve estar bem curioso para saber que palavras mágicas são essas.

Antes, quero que reflita sobre os resultados de sua equipe e quem você está responsabilizando por esses resultados.

Em minhas pesquisas com equipes, vejo um empurra, empurra com relação às responsabilidades sobre os resultados obtidos, principalmente, quando se trata de resultados indesejados. São líderes e liderados travando uma grande guerra e cada um buscando se defender como pode.

O fato é que se faz necessário entender que não existe uma equipe se não se pensar no todo. E aí vem a primeira "palavra mágica" que é: UNIÃO.

Em qualquer segmento ou atuação, a UNIÃO deve estar presente, mesmo quando os resultados estão bons, pois afinal ninguém conquista nada sozinho em se tratando de equipe ou até mesmo quando os resultados não estão positivos.

Com UNIÃO se obtêm força e energia para virar qualquer resultado!

Mas para que a UNIÃO exista precisamos da segunda palavra que é: COMPROMETIMENTO. E é aí que a maioria das pessoas se perde e seus resultados se tornam pífios.

Imagine que você vai fazer alguma coisa na sua vida e coloca a metade de sua energia, qual será o resultado disso? A metade do que poderia ser! Agora imagine se você colocar toda sua energia, qual será o resultado disso? Sucesso total! Com relação a comprometimento não tenho meio termo ou você se compromete ou não. E para que isso venha a acontecer é aí que entra a terceira "palavra mágica": AÇÃO.

É preciso agir, mesmo naquelas horas em que você trava e uma emoção te domina, busque forças e recursos dentro de você, pois se ficar parado a solução jamais cairá do céu e muito menos se resolverá sozinha. Eu conheço pessoas que passam a vida inteira planejando tudo, se pretendem fazer um piquenique planejam minuciosamente e esquecem de agir para colocar o planejamento em prática. Planejar é importante, mas só isso não basta, é preciso agir!

Tenho mostrado em meus treinamentos o poder dessas três palavras que sozinhas já podem ajudar, mas quando somadas podem transformar qualquer equipe em coesa e mais capaz de atingir melhores resultados.

União, Comprometimento e Ação para você e toda sua equipe!

Como serão os Líderes que estamos formando para o futuro?

Tive uma infância feliz e saudável, mesmo no contexto de escassez em que eu vivi. Todas as minhas experiências vividas me fizeram a pessoa que sou hoje, pois fomos programados para nos comportar, pensar e fazer o que fazemos atualmente ainda quando éramos crianças, mais precisamente de zero aos sete anos. Essa programação que foi feita pelos nossos pais, irmãos, avós e avôs, tios e tias, professores e até mesmo por pessoas que exerciam um forte pode pessoal sobre nós influenciou nossa vida adulta.

Fui uma criança que brincava com pipa, jogava muita bola na rua de casa, andava na casa dos vizinhos, ia para a escola caminhando, andava de ônibus e convivi com pessoas muito diferentes de mim.

Mas o que isso tem a ver com os Líderes que estamos formando hoje?

O contexto da minha infância que narrei acima me fez refletir sobre uma pesquisa que o canal de TV *Discovery Kids* realizou com quase 1.500 assinantes, e constatou que 89% dos pais entrevistados costumavam brincar na rua e 77% tinham o hábito de ir a pé para a escola. Atualmente, menos de 15% das crianças de até 10 anos de idade andam por aí sem a companhia de um adulto. 51% dos pais andavam sozinhos de ônibus, hoje esse número, segundo a pesquisa, caiu para 1% com relação aos filhos. Você que está lendo pode dizer: "mas hoje a violência está grande e obriga os pais a agirem assim com seus filhos". Concordo! Mas isso não me isenta, como pai que sou, de parar um pouco e refletir sobre como estou programando minhas filhas. E, principalmente, diante desse novo contexto em que vivemos. Como elas serão futuramente enquanto Líderes?

Vejo algumas necessidades que esses futuros Líderes precisarão saber lidar!

O futuro Líder deverá estar cada vez mais engajado em ações sociais, buscando desenvolver o coletivo e bem estar não só das pessoas, mas do planeta. Questões ambientais estarão cada vez mais na berlinda e os Líderes deverão ser protagonistas nesse novo cenário.

Outra coisa que vejo é com relação aos Líderes brasileiros, essa nova geração estará acostumada a viver numa economia estável, sem grandes sobressaltos com a moeda e a inflação. E o que antes nos tornava profissionais diferenciados em relação aos Líderes dos outros países, que era a capacidade de lidar com esses altos e baixos da economia e com as pressões do mercado, não existirá mais. É preciso buscar preparar nosso líderes para essa mudança também!

Outra grande necessidade que vejo é com relação a tecnologia versus criatividade. Hoje nossos filhos estão acostumados a utilizarem-se da tecnologia para resolverem os problemas. Buscam através da grande rede a solução para quase tudo. Passam mais tempo no computador, no *iPad* ou no celular navegando nas redes sociais do que pensando ou fazendo atividades que estimulem mais a criatividade. Muitas vezes, se contentando com menos de 140 caracteres de informação para definir ou tomar decisões importantes.

Essa é a hora de refletir sobre os Líderes que estamos formando, pois quando eles chegarem, o contexto também já será outro.

Quem são os seus Líderes e o que você pode aprender de fato com eles?

Provavelmente você tem alguns líderes na sua vida, que o influenciam e o inspiram. Você já parou para pensar sobre quais aprendizados você já teve ou pôde ter com eles? O que os fazem pessoas extraordinárias capazes de inspirá-lo? E os resultados que eles produzem na vida, você gostaria de repetir esses mesmos resultados?

Você pode reproduzir na sua vida os mesmo feitos de seus líderes e quem sabe ser a fonte de inspiração de outras pessoas fazendo parte da lista de líderes deles.

Gostou da proposta? Parece boa! E tenho certeza que se fosse feito uma pesquisa, isso seria objetivo comum a muita gente e a boa notícia é que você pode de verdade fazer isso.

Quero que pense um pouco agora nesses líderes, faça uma lista com os nomes deles e responda a você mesmo quais desses líderes você escolheu. Isso é importante, pois os líderes que você escolheu estão mais alinhados com seus valores.

Feito isso identifique os critérios que o fizeram escolher esses líderes e crie uma lista de pelo menos dez desses critérios.

Agora procure as características que esses líderes possuem e escreva pelo menos dez delas.

Pegue uma folha de papel em branco e divida-a ao meio, escreva no lado esquerdo os critérios e no lado direito as características. Faça uma folha para cada líder.

Agora marque as características dos seus líderes que você acredita possuir e veja as que faltam, para daí buscar desenvolvê-las. Mas saiba que se você está sentido falta de algumas características significa que elas estão dentro de você, pois ninguém sente falta de algo que nunca teve. Para identificá-las dentro de você, procure um fato de sua vida em que elas estiveram presentes e imagine você revivendo esses fatos para assim tornar mais acessível as características.

Com essa estratégia você perceberá que tem ou potencialmente tem todos os recursos para agir efetivamente como um grande líder, e sempre que precisar melhorar sua performance poderá buscar exemplos e modelá-los.

Uma das coisas mais importantes para um líder é a liderança pelo exemplo, através dele você alcançara resultados inimagináveis, conseguirá melhorar tudo a sua volta, inclusive as pessoas.

Você conhece um grande líder?

Uma das coisas que mais gosto de fazer na minha vida é conhecer líderes, pois aproveito o que eles podem me ensinar.

Tenho umas listas contendo amigos, conhecidos e, até mesmo, quem nunca tive contato, mas que figuram nessa lista com o posto de grande líder.

Para entrar nessa lista, eu determinei alguns critérios e características necessárias.

Você provavelmente está pensando: "Nossa devem ser muitos critérios e características bem difíceis que alguém deve ter para entrar na lista do Mazullo!". E essa impressão acontece, principalmente, para aqueles que acreditam que ser líder é algo muito difícil ou até mesmo distante.

Mas saiba que não! Meus critérios e características são bem simples e tenho a convicção de que todos têm ou potencialmente têm todos os recursos para serem grandes líderes, o que precisam é encontrar esses recursos e utilizá-los.

Primeiro, eu acredito que só existe uma forma de liderança, que é a Liderança pelo Exemplo. Qualquer que seja a tentativa de liderar diferente da acima estará fadada ao fracasso e um dos maiores segredos dessa liderança é ser líder de si mesmo.

Aí começam os critérios, que fundamentalmente são sete:

1 - Liderar suas emoções, ou seja, usar efetivamente o potencial emocional que se tem.

2- Liderar suas ações de maneira consciente, decidindo qual comportamento precisa ser melhorado e, até mesmo, eliminado.

3- Liderar os desejos escolhendo o que vai de fato colocar energia para conseguir.

4- Liderar os pensamentos, substituindo aqueles que limitam e atrapalham.

5- Liderar os resultados obtidos, mesmo aqueles que se obtém por circunstâncias da vida.

6- Liderar a comunicação que se usa para estar sempre sendo entendido pelo que de fato quer se comunicar.

7 - E por fim e talvez o mais necessário de todos, liderar o próprio ego para que, ao invés de atrapalhar, ele o ajude.

Você deve estar se questionando: E quanto aos liderados o que se deve fazer?

Acredite, para ser um grande líder, antes de querer liderar os outros lidere a si mesmo e o resultado é que tudo ao seu redor você será capaz pelo seu exemplo de transformar.

Os desafios no mundo serão cada vez maiores e, na minha ótica, os mais capazes de lidar com esses desafios serão os grandes líderes, portanto aceite agora o desafio de ser um grande líder, comece já a desenvolver-se nessa direção e prepare-se para as oportunidades que a vida colocará em sua frente.

Poder

O Poder do Entusiasmo

Diziam os gregos que as pessoas entusiasmadas tinham um "deus" dentro de si e isso se dava exatamente por serem essas as pessoas que realizavam grandes feitos.

Estamos vivendo uma era de ruptura e transformação no mundo, onde o que era ontem, hoje já não é mais e amanhã pode ser que o hoje já não seja. Todas essas mudanças exigem muito de nós e essa pressão em que vivemos pode nos trazer desconforto e desmotivação.

Aí é que entra a necessidade do entusiasmo em tudo o que se faz, pois ele vai ser a força motriz para realizarmos as coisas.

E quando se trata de realização, não é apenas nos grandes feitos que devemos nos dotar de entusiasmo, pois são nas pequenas realizações que estão embutidos os detalhes e são eles que fazem as diferenças.

Um bom exercício para perceber se está usando o entusiasmo é estabelecer uma escuta consciente, pois até como você fala seu nome em uma apresentação faz diferença para quem está ouvindo e pode aumentar ou diminuir o interesse delas de estar com você.

Já testei várias vezes em meus treinamentos o impacto do entusiasmo nas turmas, e a influência que exerço nos participantes é maior ou menor de acordo com o entusiasmo que estou usando e os resultados também são proporcionais ao entusiasmo deles.

Você pode estar aí se perguntando: Como fazer para ter entusiasmo na vida?

O primeiro passo eu já falei acima, estabelecer a escuta consciente e o segundo é buscá-lo dentro de si, pois tenho absoluta certeza que ele existe dentro de você e isso se evidencia quando se está sentindo falta, pois ninguém sente falta daquilo que nunca teve.

Ainda não se convenceu de que existe entusiasmo dentro de você?

Se a resposta for não, faça um pequeno exercício:

Em uma folha de papel escreva algumas atitudes que uma pessoa entusiasmada tem e ao fazer isso verifique se em "toda a sua vida", você nunca teve alguma dessas atitudes?

Não preciso nem estar ao seu lado para saber a resposta, pois tenho certeza que em algum momento de sua vida, pelo menos em um momento, você teve alguma das atitudes escritas no papel, senão todas.

Ao escrever esse texto, estou deveras entusiasmado, pois tenho certeza que pelo menos um dos leitores vão se convencer do poder que existe no entusiasmo e passará a utilizá-lo, transformando seus resultados. E isso para mim já é motivo suficiente para ficar feliz, pois consegui o meu objetivo que era de contribuir com outras pessoas.

O poder da visão, o que é isso?

Essa semana estou em Portugal realizando mais uma turma do treinamento DL (Desenvolvimento e Liderança) para um grupo de Líderes portugueses, e em duas oportunidades no mesmo dia encontrei pessoas que ao conversar com elas o assunto recorrente foi sobre a capacidade que alguns indivíduos têm de enxergarem além do que os outros e, assim, transformarem oportunidades em resultados grandiosos.

Comecei a pensar sobre essas pessoas e seus resultados, me questionei sobre o que significa essa "visão", a qual poucos possuem, e o que isso realmente representa em suas vidas.

Tenho estudado a vida de muitas pessoas que são referências e exemplos de sucesso, com o intuito de encontrar o que existe de comum entre elas.

Um dos fatores fundamentais e comum a todas essas pessoas é a capacidade que todos desenvolveram de aprender sobre quaisquer circunstâncias.

A capacidade de aprender garante a qualquer um melhoria contínua e, assim, a possibilidade de sempre fazer melhor o que está fazendo.

Uma outra coisa que encontrei foi que as pessoas bem sucedidas e que possuem uma visão diferenciada estão sempre olhando para si, e o referencial externo não determina seus comportamentos.

Aliás, essa característica de sempre olhar para si deveria ser inerente a qualquer ser humano, já que devemos ser responsáveis por nossos resultados e não as outras pessoas.

Quantos de vocês que leem esse artigo desejam ser pessoas melhores? Quantos desejam possuir essa "visão" capaz de enxergar as oportunidades?

Se a sua resposta foi sim, convido-o a conhecer de fato a pessoa mais importante no mundo que é você mesmo, pois identificar o que precisa melhorar e o que deseja deixar como está é uma ótima estratégia para alcançar o poder da visão, pois as melhores oportunidades são aquelas relacionadas a nós mesmo.

Se você sente falta desse poder da visão, saiba que ao procurar em suas experiências vividas irá perceber que em algum momento você já usou esse poder, pois ninguém sente falta do que nunca teve e se ele está aí, você pode colocá-lo mais vezes em prática ao ponto de torná-lo uma característica naturalmente sua.

Uma antropóloga, chamada Angeles Arrien, estudou algumas sociedades indígenas e encontrou nelas alguns arquétipos de liderança presentes nessas sociedades, trouxe esse estudo para nossa sociedade contemporânea e identificou esses arquétipos também presentes nos líderes atuais.

O arquétipo que possui o poder da visão é o guerreiro, pois é ele que sai para caçar e usa essa característica para encontrar a melhor caça e, assim, garante a sobrevivência de sua família.

Em nossa sociedade esse guerreiro está dentro de cada um de nós e nos faz querer dar sempre o melhor para nossa família e, para isso, precisamos sempre utilizar desse poder, nos permitindo enxergar além do normal.

Você é sim dotado desse poder e o que precisa é utilizá-lo mais vezes, pois o que traz o hábito é a repetição.

O poder de um: "Está precisando de alguma coisa?"

Muitas vezes recebemos desafios em nossa vida e eles nos trazem oportunidades de autoconhecimento e, como consequência, muito crescimento.

Não estou aqui me referindo apenas às adversidades que por natureza são desafiadoras também, mas àquele projeto que somos imbuídos de realizar, àquela ideia que somos instigados a colocar em prática ou à expansão de um negócio.

Quando se tem esses desafios nas mãos, passamos por vários estágios, desde a concepção do que se quer realizar até a execução do mesmo.

Durante o percurso é natural que vivamos um turbilhão de emoções e junto veem as dúvidas, expectativas e uma enorme vontade de acertar.

Você que está lendo este texto pode estar pensando: nossa! Isso é comigo?

É com você, comigo e com qualquer pessoa que não se acomoda e busca sempre melhorar o que está fazendo.

Acredito também que durante a realização do desafio, você ouvirá várias pessoas te dizendo muitas coisas e uma delas que mais tem poder é: Você está precisando de algo?

Quando se ouve essa pergunta de alguém importante ela ganha força e proporções enormes e tem o poder de nos impulsionar ainda mais.

Você que é um líder, convido-o a sempre fazer essa pergunta aos seus liderados, principalmente, quando delegar algo para eles. E faça de coração, com sinceridade e vontade de ajudar, pois assim a realização do desafio será certo e com grandes chances de sucesso.

O poder de uma amizade sincera

Como diz a música do Renato Teixeira: "A amizade sincera é um santo remédio e um abrigo seguro". Quantos amigos sinceros você tem?

Antes de enumerá-los, quero que primeiro pense o que significa uma amizade sincera a você e o que esse amigo faz para merecer essa classificação.

Ao fazer isso, estará estabelecendo uma lista de parâmetros para que possa reconhecer um amigo sincero de fato.

Você vai se surpreender com a quantidade de amigos sinceros que você tem, pois muitas vezes estamos classificando alguns amigos de acordo com o contexto atual e, assim, deixando de lado outros que ao longo da amizade tenham feito coisas que mereciam serem colocados no rol de "amigos sinceros".

Eu poderia aqui elencar muitas características ou ações de meus amigos sinceros, mas daí eu estaria comunicando meus critérios e meus parâmetros e prefiro que você encontre os seus critérios e construa os seus parâmetros.

Um dica importante é que pense em vários contextos vividos para que possa ser mais justo com os seus amigos.

Ao fazer isso perceberá que aquele amigo que há muito tempo não conversa com você merece um contato ou até mesmo um encontro e, assim, viverão bons momentos juntos.

Reflexões

Aprender com as emoções e sentimentos nos faz pessoas melhores

Hoje, senti uma saudade de casa, mais do que de costume e então fui entender esse sentimento para que eu pudesse aprender um pouco mais com ele. Analisei por partes, buscando a princípio a emoção básica que gera a saudade e a encontrei, é o medo com um pouquinho de tristeza. Então fui buscar o que esse medo estava me mostrando, e percebi que estava com medo de ficar sozinho e por conta da sensação de segurança, atribui a saudade à minha casa. Quando cheguei a essas conclusões fui mais a fundo, pois meu intuito era aprender com a experiência e não ficar "clicando" nela! Dizer isso foi libertador, pois percebi que minha verdadeira casa é meu corpo e, portanto, eu estou nela o tempo todo.

Daí, comecei a pensar nas pessoas que vivem comigo e as que costumam ir a minha casa, a saudade voltou e, mais uma vez, fui aprender com esse sentimento.

Percebi que essa saudade não estava derivada do medo, e sim da alegria, pois fui analisar o quanto era privilegiado de poder receber em minha casa, somente, as pessoas que amo e nutrem o mesmo sentimento por mim. E são muitas pessoas que estão em meu ciclo, vivenciando minha ecologia, compartilhando conhecimento, contribuindo para minha evolução e, principalmente, dividindo o verdadeiro amor.

São essas pessoas que nos trazem equilíbrio e nos harmonizam, são essas pessoas que, a cada dia, busco ter ao meu lado e, assim, posso também contribuir com elas.

Tenho uma escala de valores que norteiam meus comportamentos e um deles é a gratidão. Me sinto tão grato ao Criador por me permitir viver a vida de forma amorosa, leve, rica e abundante. E às vezes fico emocionado quando encontro em meu ciclo pessoas que vivem com a mesma harmonia, que fazem do verdadeiro amor o alicerce de suas casas. Quando falo do verdadeiro amor estou me referindo àquele amor que não fere, não julga e, principalmente, nos enche de paz.

Por isso escolho e seleciono, cada vez mais, as pessoas que me cercam. E você? Quem você permite que entre na sua casa?

Devolva o que a vida lhe oferece de bom

Todo ser humano possui uma escala de valores, onde cada indivíduo, em uma ordem hierárquica, define o que é mais ou menos importante para si. Em minha escala, a gratidão é um dos valores mais importante e isso me faz querer sempre retribuir o que recebo de bom da vida.

Certa vez, uma cliente perguntou como eu fazia isso, já que em sua vida ela não conseguia enxergar nada de bom e que vivia sempre muitas adversidades.

Antes de enchê-la com frases feitas ou "conselhos", parti para o lado prático e usando a própria realidade dela, a fiz buscar o recurso necessário dentro de seu sistema.

A princípio, perguntei se ela sentia falta desse sentimento e ela disse que sim, depois perguntei a ela se gostaria de ter coisas boas em sua vida e, mais uma vez, sua resposta foi um sonoro sim! A fiz enxergar o recurso dentro dela, pois ninguém sente falta do que nunca teve e se estava querendo ter, podia buscar o recurso dentro dela sempre que precisasse.

Acredito que se eu, você que lê esse texto e qualquer outra pessoa parássemos um pouco e olhássemos para a própria vida conseguiríamos ver muitas coisas boas que ela oferece. Às vezes são pequenas coisas, como um dia de sol, uma noite iluminada por uma linda lua, o sorriso de uma criança, um objetivo conquistado, seja ele pequeno ou grande, ou até mesmo essa maravilhosa dádiva, que o Criador nos deu, de viver.

Acredito que exista uma lei universal chamada de "Lei da Reciprocidade", onde tudo que você dá ou oferece para o universo ele te devolve e isso serve tanto para coisas positivas quanto negativas.

Sabendo disso, busco devolver o que recebo, pois sei que mesmo devolvendo receberei novamente. Você pode pensar nessa lei e questionar: E se o que eu receber for algo ruim, devolvo isso também? Não! Pois se fizer isso receberá exatamente a mesma coisa e virará um círculo vicioso de negatividade. O segredo é transformar as ações negativas que recebemos em positivas, chamo isso de "Positivação para receber o bem". Faço disso uma filosofia de vida, nutro minhas atitudes com a "Lei da Reciprocidade" e garanto que funciona, pois vivo plenamente, com harmonia e muito êxito, e agradeço todos os dias ao Criador por viver essa vida.

Não tem nada de errado você ficar na sua zona de conforto!

É isso mesmo que você leu no título desse artigo, não tem nada de errado. O que talvez você não saiba é que estar na zona de conforto não significa estar parado, aceitando a inércia.

Para entender esse conceito, antes você precisa identificar o que significa sua zona de conforto, quais os seus limites e até que ponto você consegue se movimentar dentro dela.

Vamos imaginar alguns contextos de sua vida e assim peço que reflita em cada contexto. Combinado?

Com seus amigos: É possível confiar em todos os amigos? Acredito que não! Em uns confiamos mais e em outros confiamos menos e não há nada de errado nisso. Assim, estará definindo limites e isso faz com que você estabeleça sua zona de conforto com relação a esse contexto.

Prática de esportes: Dá para fazer qualquer esporte? Mais uma vez a resposta é não! É preciso estabelecer seus limites físicos para não trazer à sua vida doenças, pois a prática esportiva deve ser uma atividade saudável.

Seu trabalho: Será possível você realizar seu trabalho de qualquer jeito? Essa até caberia um sim, mas você estaria negligenciando seu resultado como profissional e isso vai te trazer problemas, portanto, sugiro que a resposta seja não.

Relacionamentos: Assim como nos outros contextos, nesse é preciso observar seus limites, pois vejo pessoas se anulando em função de outras e vivendo em um conflito interno interminável, e viver assim será um tormento.

Coloquei quatro contextos importantes de sua vida, onde cabe uma reflexão da sua parte para entender quais seriam os seus limites em cada um deles.

Feito isso vamos ao conceito que estou te propondo aqui: manter-se na sua zona de conforto!

Imagine-se dentro da sua zona de conforto e responda-me: Está confortável? Você provavelmente vai me responder: é claro que sim Mazullo.

Ao se sentir confortável, responda-me: É preciso mudar algo dentro da sua zona de conforto? A resposta eu até imagino qual seja, um tremendo e sonoro NÃO.

Mas a vida as vezes nos "prega algumas peças" e acontecem alguns imprevistos. Imagine-se perdendo seu emprego. Urghuuuuu!!! O que antes era confortável, se torna um horror.

Se isso vier a acontecer, a princípio essa adversidade irá mexer com toda sua zona de conforto. E se você fez a avaliação dos seus limites como pedi anteriormente você saberá se seus limites estão muito curtos e se sua zona de conforto está muito pequena. Se tiver, com certeza você terá dificuldades em se sair dessa situação difícil.

Para que você possa usufruir tranquilamente da sua zona de conforto e manter-se nela mesmo nas adversidades, busque ampliá-la o tempo todo, aumentado suas capacidades, seus conhecimentos e recursos internos. E para isso é preciso se movimentar o tempo todo.

O espaço que existe entre você e a adversidade

É segunda-feira, você chega ao trabalho e recebe a notícia de que, por motivos de redução de custos, a empresa está demitindo-o.

Você foi fazer aquele check-up e encontrou células cancerígenas em seu sistema imunológico.

Você chega ao estacionamento do shopping e seu carro não está mais no lugar em que você deixou.

"PUXA! NÃO DEVIA TER LEVANTADO DA CAMA", essa é uma expressão que ouço muito.

Essas adversidades que coloquei no início deste texto são mais comuns do que imaginamos e podem acontecer com qualquer um. A diferença é como as pessoas encaram essas adversidades. Os significados que você dar para cada fato que você vive podem fazer a diferença ao vivê-los.

Tem gente que vive fugindo das adversidades ou negando a existência delas, e isso não ameniza ou as resolve, apenas as escondem.

Você pode decidir viver a adversidade com uma perspectiva de aprender com ela ou evitá-la, a decisão é sua e ninguém vai poder tomá-la por você. Saiba que existe um espaço entre a adversidade e o que você vai decidir fazer, e é exatamente nesse espaço que você pode atuar.

Uma característica que hoje se exige no mundo atual é a resiliência, ou seja, a capacidade de suportar as adversidades e seguir a diante.

Existem muitos exemplos de pessoas que vivem uma adversidade e a usam como impulso. Lembro-me da história de um rapaz, acompanhei no programa do apresentador Luciano Huck da TV Globo, que havia sofrido um acidente e perdeu as duas pernas, o mesmo tinha decidido andar de skate, ao invés de usar cadeira de rodas. Tornou-se campeão na modalidade e na entrevista Luciano chegou a perguntar o que tinha acontecido com o rapaz após o acidente e o mesmo disse que se não tivesse sofrido o acidente talvez estivesse usando drogas e cometendo crimes nas ruas e que hoje tem mais amor a vida e a sua família.

Como você age diante de um problema? Que reações você tem? De 0 a 10 quanto você aguentaria de adversidades em sua vida?

Meu objetivo aqui é fazê-lo refletir sobre suas decisões no espaço entre você e a adversidade. Não quero que você seja um caçador de problemas, mas se eles aparecerem, você possa enfrentá-los com uma atitude positiva e resiliente e, assim, resolver com mais tranquilidade, aproveitando a situação para evoluir.

Quais fontes de informações você busca para se atualizar?

Durante toda a minha infância acompanhei meu avô recebendo seu jornal diariamente e uma revista mensalmente, e isso me fez durante muito tempo repetir a mesma coisa.

Hoje com o advento da internet, o jornal está sendo deixado de lado e as revistas se tornaram cada vez mais escassas. Mas o que quero aqui é motivar você, que está lendo, a refletir sobre suas fontes de informações e a profundidade delas.

Hoje, com o *Twitter* que nos obriga a ler informações com até 140 caracteres, e o *Facebook* com um pouco mais de espaço, mas não menos superficial, faz com que não busquemos o aprofundamento das informações.

Vejo jovens conectados nas redes sociais se abastecendo de informações e utilizando essas fontes para definirem os caminhos que irão trilhar na vida. O que poderia ser excelente que é o acesso à tecnologia traz, ao meu ver, uma possibilidade de termos, um futuro bem próximo líderes superficiais e cada vez mais acomodados com o pouco.

Sou um entusiasta quando o assunto é tecnologia e usuário frequente das redes sociais, mas também sou um inquieto quando o assunto é informação e busco me aprofundar nos assuntos que me interessam.

Tenho sempre nas mãos um livro, e sinto prazer em antecipar as experiências dos autores para minha vida. Leio jornais das cidades que viajo para entender um pouco o cotidiano das mesmas, assino algumas revistas e estou constantemente pesquisando sobre os assuntos que me interessam.

Você que está lendo este artigo, se pergunte: Qual foi o último livro que você leu? Qual foi o jornal que abriu e que parte dele você buscou? Ou será que você está se abastecendo somente pelas redes sociais? E os seus assuntos de interesse, você tem pesquisado em mais fontes sobre eles?

As crianças e a TV aberta

Hoje, 12 de outubro, é comemorado no Brasil o Dia das Crianças. Essa semana vivi uma experiência que me trouxe uma reflexão sobre a mudança da TV aberta no Brasil com relação às crianças.

Estava chegando em casa e vi pela janela minha filha de três anos assistindo televisão na sala e ouvi um som de desenho animado. Imediatamente pensei, ela deve estar assistindo DVD, pois não existe mais esse tipo programação na TV aberta.

Comecei a lembrar da minha época de criança, em que as emissoras disputavam a audiência infantil com programas, desenhos animados e até personagens para nos manter fiéis e, assim, nos tornar telespectadores cativos da emissora A ou B.

Talvez você que esteja lendo este artigo lembre-se das vezes que você ao chegar da escola corria para assistir o final do programa da Xuxa, pois sempre tinha um episódio muito legal do *He-Man* ou da *She-Ra*. E depois via a apresentadora se despedir dos "baixinhos" entrando em sua nave espacial.

Os desenhos animados eram muitas vezes o que me permitia definir qual era a emissora mais legal e qual horário eu estaria estudando ou assistindo.

É bem verdade que a população a cada dia envelhece e o universo infantil está menor no Brasil, porém muitos de nós temos hoje a preferência por determinada emissora de maneira inconsciente, pois quando criança fomos programados para termos essa identificação.

Mas hoje as crianças dessa nova geração estão cada vez mais ligadas no computador e no celular e isso já está começando cedo, minhas filhas são cada vez mais digitais e dominam equipamentos eletrônicos com o raciocínio de um adulto e com uma velocidade impressionante.

Pode até parecer uma estratégia para vender assinatura de TV a cabo, onde existem canais exclusivos para as crianças, mas acredito que as emissoras da TV aberta estão deixando de fazer o seu dever de casa para garantir a preferência dessas crianças, que no futuro serão adultos e totalmente desconectados delas.

Outro aspecto a ser repensado é a qualidade da programação de hoje, que devido à falta de cuidado com que se exibe está cada dia mais difícil de uma criança assistir e, por consequência, seus pais.

Torço para que voltemos a ser contemplados com uma programação mais infantil na TV aberta, com mais inocência, carinho e amor para que eu possa sentar na minha sala com minhas filhas e assistir minha TV, que por sinal gosto muito.

E você tem saudades do seu programa infantil ou desenho animado preferido?

E aquele emprego que você quis, mas não conseguiu?

Ontem eu estava viajando para a linda cidade de Aracaju (SE) para realizar o treinamento DL – Desenvolvimento e Liderança para um grupo de mais de quarenta líderes. Fiz uma conexão no aeroporto de Recife e lá encontrei um conhecido que havia participado de um processo de seleção comigo para uma empresa a muito tempo atrás.

No processo de recrutamento éramos mais de dez e ao final restaram eu e ele, e por uma adequação de perfil, segundo a recrutadora, ele foi o selecionado. Como sou muito competitivo, inicialmente fiquei desapontado com o resultado e durante algum tempo ainda achei que eu poderia fazer muito na empresa e que eu realmente seria o profissional mais indicado.

O tempo passou e ontem ao encontrá-lo perguntei como estava sua vida e o mesmo só reclamou de tudo, dos empregos, de sua carreira e da sua vida. Isso me fez refletir sobre o resultado daquela seleção e de tantas outras que depois eu participei.

Olhando para o caminho que trilhei e o que escolhi profissionalmente fazer, eu hoje entendo que realmente não era o profissional para aquela vaga e muito menos aquela empresa era para mim, pois talvez se eu tivesse ficado com a vaga estaria na mesma situação daquele rapaz, que ainda não se encontrou profissionalmente e está com a vida em frangalhos.

Hoje me encontro em uma carreira profissional que só me coloca para cima, que me permite realizar meus sonhos e viver uma vida equilibrada e harmoniosa. Tenho empresas e negócios no Brasil e na Europa, uma família que me ama e que me realiza como ser humano.

O que vivo hoje desejo a todo mundo e o que é melhor, contribuo para que alcancem também, pois acredito que assim eu sempre estarei em evolução e vivendo realizado.

Agradeço todas as empresas que passei, todas as que desejei passar e não consegui e todos aqueles que contribuíram para que eu chegasse onde estou.

E você, qual o sentimento que cultiva com relação aos empregos que não conseguiu?

O processo evolutivo acontece, você querendo ou não!

Que somos seres em evolução constante todos concordam, porém nem todos vivem em evolução contínua.

Tenho convidado as pessoas a embarcarem nessa jornada de evolução chamada vida, e quem tem aceitado o convite tem percebido o quanto vale a pena.

Porém vejo pessoas relutantes em acreditar que evolução não acontece sozinha e que devemos ajudar o processo fluir, para assim aproveitar o que nos é dado de oportunidades.

Se você acredita que as coisas evoluem por elas mesmos e que devemos deixar a vida nos levar, eu convido-o a refletir sobre tal crença. Basta olhar ao seu redor e ver o que era a dez anos atrás e hoje já não é mais. Isso se deu por algumas pessoas promoverem essa evolução.

Querem um exemplo?

O que você usava a dez anos atrás para registrar seus momentos inesquecíveis? Um máquina fotográfica com filmes que você tinha que revelar as fotos. E hoje? Essa experiência está totalmente diferente, pois temos um aparelho que além de usarmos para nos comunicar, utilizamos também para registrar e guardar nossos momentos.

Poderia ficar aqui citando vários outros exemplos, mas acredito ser desnecessário, pois esse exemplo mostra claramente que as coisas mudam e melhoram e você precisa acompanhar essa mudança.

Muitos resistem a essa mudança e acabam por ficar para trás e quando se veem com a necessidade de se renovar e aproveitar os benefícios do que o novo pode oferecer sofrem muito.

Estamos vivendo uma grande revolução no mundo e a única certeza estável é a mudança. Em muitos segmentos uma verdadeira ruptura, nos exigindo uma capacidade de flexibilizar pensamentos, comportamentos e, até mesmo, nossas crenças.

Se hoje estamos vivendo isso, imaginem daqui a mais dez anos?

O que digo hoje, e tenho certeza que será repetido daqui a um tempo, é que devemos acompanhar essa evolução e sermos os protagonistas dela e isso deve iniciar dentro de nós.

Pois acredite, mesmo você não querendo a evolução de tudo ao nosso redor vai acontecer!

O que é preciso para ser feliz?

O gênio do cinema Charles Chaplin disse que "a felicidade não é um destino, e sim a viagem!"

Para muitos a felicidade é um estado de espírito e, assim, podemos nos sentir felizes ao realizar coisas que gostamos. Para à Organização Mundial de Saúde, o ser humano feliz é o indivíduo saudável e com suas saúdes equilibradas.

Essa semana me peguei pensando em minha felicidade e o quanto eu sei sobre ela. Em minhas análises, seja dos conceitos existentes ou de minhas convicções sobre o tema, cheguei a uma conclusão. EU SOU MUITO FELIZ!

Ao buscar momentos de felicidade em minha vida, para comprovar a afirmação acima, encontrei vários e em cada momento encontrado eu estava realizando ou conquistando algo que desejava.

Ao fazer essa busca, percebi que ao mesmo tempo em que ia me sentindo feliz por esses momentos ia sentindo uma saudade deles, e ao sentir isso comecei a experimentar uma tristeza por aqueles momentos terem passado.

E uma confusão de sentimentos ia tomando conta de mim e busquei entender melhor o que estava acontecendo e, assim, aprender ainda mais sobre o que era preciso para que eu me sentisse feliz.

Foi aí que entendi que havia caído na armadilha de estar vivendo as coisas do passado e, paradoxalmente, projetando minha felicidade no futuro.

E se eu continuasse a fazer isso, jamais conseguiria me sentir plenamente feliz, pois só existe um lugar que posso viver as coisas plenamente e sem dor. Esse lugar se chama PRESENTE.

Neste momento em que escrevo este artigo, me sinto extremamente feliz, pois estou aqui focado realizando uma das minhas paixões que é comunicar minhas ideias através dos meus textos.

Estar no momento presente me liberta e me permite o prazer de respirar, e respirando sinto que estou vivo e ao perceber isso encontrei o que preciso para ser feliz: VIVER!

O que me torno ao adquirir conhecimento

Imagine-se subindo uma escada, a cada degrau que sobe é mais um passo na sua evolução e, assim, adquire mais conhecimentos.

O que isso representaria na sua vida?

A resposta parece óbvia, mas não é!

Muitos diriam que seriam pessoas melhores, que teriam sucessos profissionais e pessoais e por aí vai. Porém o que vimos em sua maioria são pessoas ricas de conhecimentos e pobres de atitudes.

Existem pessoas que são verdadeiras enciclopédias ambulantes, e ao invés de usarem todo esse conhecimento para de fato se tornarem pessoas melhores e contribuírem com outras, passam a ser pessoas pesadas, soberbas e arrogantes.

A sensação que tenho quando encontro casos como este, e não são poucos devido a minha profissão, é que ter conhecimento e ser uma pessoa melhor podem não ser sinônimos. Deveriam ser, mas não são!

Em uma fase da minha vida, que não me orgulho dela, eu também acreditei que ao adquirir muito conhecimento eu me tornaria uma pessoa melhor, e buscava incessantemente informações, cheguei a fazer duas faculdades, tinha várias assinaturas de revistas, comprava livros de vários assuntos.

Você deve estar se perguntando porque eu não me orgulho dessa fase. Calma! Explicarei em seguida.

Foi uma fase em que me tornei bem sucedido profissionalmente e, por consequência financeiramente, eu era muito preparado, conhecedor de muitos assuntos, capaz de conversar sobre qualquer coisa e com qualquer um, só que me tornei arrogante e com atitudes que acabavam afastando as pessoas, principalmente, aquelas em que eu fazia questão, pois julgava serem menos dotados de conhecimentos do que eu.

Agora você já deve ter percebido o motivo de eu não me orgulhar dessa fase, apesar de ter sido importante na construção do que sou hoje.

Alguns me diriam para não olhar para trás, mas seguir em frente. Porém olhar para trás é exatamente o cerne da minha reflexão aqui, pois o verdadeiro conhecimento e que pode nos tornar pessoas melhores e capazes de ajudar outras é o AUTOCONHECIMENTO.

O que me faltou durante muito tempo foi exatamente isso, pois quando conheci de fato a pessoa mais importante no mundo para mim, pude perceber o quanto é valioso ser aberto a qualquer conhecimento que a vida nos traz e o quanto eu posso multiplicar o meu conhecimento ao dividir com outros.

Essa pessoa que me referi como a mais importante no mundo para mim, sou eu mesmo!

O verdadeiro conhecimento estava antagonicamente tão perto e tão longe ao mesmo tempo, pois estava tudo dentro de mim.

Hoje continuo buscando conhecimentos, lendo muito também. Sou um incansável na busca de informações, não me contento com pouco.

Mas agora tenho como hábito olhar mais pra dentro do que para fora, aprendo mais com os meus acertos e erros do que com os dos outros, pois não me comparo com ninguém e sim comigo mesmo.

Hoje em cada degrau subido na escada do conhecimento me sinto mais leve e aquele fardo que sentia carregar desapareceu. Ao adquirir mais conhecimentos me torno uma pessoa melhor.

O que nos faz ter nossos comportamentos

Você já percebeu que a maioria dos seus comportamentos são inconscientes? Quando se dar conta já se comportou e, em algumas vezes, gerando resultados indesejados.

Mas quem estar por trás desses comportamentos?

A *Disney* e a *Pixar* conseguiram de forma lúdica e didática explicar claramente quem são os responsáveis pelos comportamentos de qualquer um de nós.

Um filme que poderia ter incorrido no lugar comum da fábula, mas sabiamente os produtores recorreram à neurociência e conseguiram trazer à luz o que de fato acontece dentro da nossa cabeça.

O filme começa mostrando o que se imagina ser o início de tudo e nos surpreende ao mostrar o poder do amor existente até mesmo na natureza. Um excelente filtro para o público preparar as expectativas para o que ainda estava por vir!

Daí então começa a estória de uma garotinha que nasce em uma família com pais amorosos e que desde a sua primeira infância já sentia esse amor e vivia seus estados essenciais, construindo uma personalidade feliz. Porém com uma mudança brusca de ambiente aparecem as reações e os comportamentos começam a se modificar, sendo ditados pelas emoções básicas que todos nós possuímos.

São elas: Raiva, Medo, Tristeza e Alegria.

No filme encontramos uma outra personagem que os criadores a chamaram de "nojinho", porém ela representa a mistura das emoções básicas e, assim, deriva outras emoções que é um binômio chamado atração e repulsão.

De uma forma perfeita o filme nos leva a entender que para sermos equilibrados precisamos de todas as emoções básicas e que todas elas possuem uma função importante para nossa vida.

É possível ser emocionalmente equilibrado e de maneira consciente aproveitar a função de cada uma dessas emoções e, assim, ter comportamentos mais conscientes.

Muitas pessoas vivem hoje como vítimas de suas emoções usando-as de maneira inadequada e produzindo resultados desastrosos para si e para quem está a sua volta. Encontro também aquelas que acham que estão controlando suas emoções deixando de senti-las, se intitulando pessoas racionais, mas isso não é verdade.

Se você está vivendo isso, saiba que pode sair desse círculo vicioso e não é deixando de sentir as emoções que isso vai acontecer.

Imaginem um atleta, para ele se tornar hábil em sua modalidade esportiva o que ele faz?

Alguns podem pensar assim: "Mazullo que pergunta óbvia? Claro que é treinar!"

Por que ela é óbvia em se tratando de um atleta, e não é para você quando se refere a usar o seu potencial emocional? Devia ser!

Se você quer ser uma pessoa emocionalmente inteligente e equilibrada procure imediatamente treinar a utilização de suas emoções e, assim, poderá decidir de fato os comportamentos que terá.

O que você costuma celebrar na sua vida?

Vivemos hoje com uma sensação de que o tempo está cada vez mais rápido e isso faz com que deixemos de realizar algo fundamental para nosso equilíbrio, que é CELEBRAR!

Temos muitos motivos para isso, e mesmo aqueles que vivem afundados em dificuldades e problemas se pararem para observar a vida, com o intuito de encontrar algo a ser celebrado, eu garanto que vão encontrar.

Eu poderia elencar muitas coisas aqui e, assim, lembrá-lo de vários acontecimentos em sua vida que merecem a celebração.

Mas não é o meu objetivo falar da sua vida, mas sim da minha!

Peço licença a você que lê este texto para que eu possa celebrar este exato momento, pois consegui sua preciosa atenção e isso para mim é motivo de celebração.

Sou imensamente apaixonado pela vida e por tudo que ela me permite conhecer e vivenciar, cada novo dia me parece uma dádiva e um excelente presente do universo, e como tal precisa ser valorizado e celebrado.

Gosto de ganhar presentes e fico feliz quando recebo-os, e não estou falando aqui de coisas materiais, e sim do verdadeiro presente que me é dado por cada pessoa que me abraça e diz o quanto eu sou importante na vida delas, que de alguma forma eu consegui ajudá-las em sua jornada.

Presente maior ainda é ter o meu amor próprio e, assim, poder compartilhá-lo de maneira adequada com minha família, contribuindo para que eles também reconheçam esse amor próprio para que eu usufrua dele.

Tenho milhares de motivos para celebrar e se eu fosse escrever todos aqui levaria talvez anos escrevendo-os, portanto vou resumir no que estou especialmente celebrando. A minha existência!

Uma das datas mais importantes para mim é o meu aniversário, de tal modo que passo o mês de agosto inteiro comemorado com amigos e em vários lugares, pois sou um privilegiado por poder estar toda semana em um lugar diferente.

Celebro também minha capacidade de exercer um dos sentimentos mais nobres do ser humano que é a GRATIDÃO.

Agradeço ao Criador por sempre ter um cuidado especial comigo, agradeço aos meus pais, agradeço aos meus irmãos por sempre me ensinarem algo, agradeço as minhas filhas por terem me escolhido como pai, agradeço minha amada esposa por ser minha fonte de inspiração para viver o amor, agradeço aos meu mentores por sempre me incentivarem a buscar o melhor em mim e nas pessoas, agradeço aos amigos por serem a família que eu escolhi, agradeço a todos que em algum momento tive contato e que também contribuíram para eu ser quem sou, agradeço a todos os líderes que fazem parte das minhas equipes de trabalho e que contribuem para que eu exerça minha missão de vida e, por fim e tão importante quanto todos que já citei, eu agradeço a "MIM" por me permitir evoluir sempre!

O que você tem feito com o seu tempo?

Essa semana minha filha de três anos pediu para dormir e acordar em dezembro, pois é o mês de seu aniversário e isso me fez pensar muito sobre esse desejo. Cheguei até a me emocionar e pedi a ela para não querer isso, pois eu queria curtir mais a fase em que ela está.

Ao longo do dia tive vários *insights* com relação ao assunto e um deles me chamou muito a atenção, pois recentemente havia assistido um vídeo em uma rede social que o narrador me trazia lembranças de coisas que vivi na minha infância e me peguei nostálgico e, até mesmo, com saudades do meu passado.

Quando percebi isso, procurei logo transformar essa saudade em alegria e prazer por ter tido a oportunidade de viver muita coisa e sempre com muita intensidade.

Percebi então o quanto eu havia sido privilegiado por todas essas experiências e que bom que eu pude rapidamente colocar esse sentimento no seu devido lugar, para assim ao invés de ser uma fonte de sofrimento se tornar uma fonte de alegria.

Escrevi uma frase que diz assim: "As pessoas querem viver as coisas no passado e no futuro, mas é no presente que se vive plenamente as coisas."

Como essa frase faz sentido pra mim!

O fato é que devemos aprender a ter uma melhor relação com o tempo e, assim, aproveitá-lo a nosso favor, pois todos temos 24 horas disponíveis e se usarmos bem teremos tempo para fazer tudo o que queremos. E acredite você não precisa de mais horas no seu dia para dar conta de realizar o que precisa ser realizado.

Essa relação com o tempo é mais uma questão de atitude e crença que temos e nos ajuda ou atrapalha.

Eu acredito que quanto mais coisas tenho para fazer, mais tempo eu tenho para fazer outras, e olha que vivo uma vida de muitos compromissos pessoais e profissionais.

Outra coisa importante é que não sabemos o tempo que teremos disponível em nossa vida e por isso não devemos desperdiçá-lo com bobagens, focando nossa energia em coisas que não nos trazem evolução, pois acredito que o principal motivo de termos recebido essa dádiva chamada vida é para evoluirmos e levarmos a evolução as pessoas e, ainda, vivermos felizes, com abundância, paz e amor.

Um dos maiores arrependimento das pessoas é por aquilo que deixaram de fazer e não pelo que fizeram, sendo assim, desejo que você aproveite o máximo do seu tempo e o tenha como um grande aliado.

O universo não deixa nada sem resposta

Tenho afirmado inúmeras vezes às minhas equipes de trabalho que só existe uma pessoa no mundo capaz de nos atrapalhar. Você sabe que pessoa é essa?

Acertou aquele que respondeu nós mesmos!

Pois é isso parece óbvio, mas não é, pois mesmo sabendo que somos responsáveis pelos resultados que geramos em nossas vidas, muitas pessoas que iniciam um ciclo de sucesso e prosperidade acabam por atrapalhar esse resultado positivo que estão tendo, deixando que o ego fale mais alto e dite as ações e comportamentos, e como consequência passam a ter frustrações e insucessos.

Existem outras coisas que também podem atrapalhar o ciclo do sucesso como achar que o resultado alcançado se deu única e exclusivamente por si só, esquecendo muitas vezes que para se chegar onde chegou foi necessária a ajuda de outras pessoas. E, assim, deixam de compartilhar os resultados com os demais que contribuíram.

É importante que saibamos reconhecer a participação de todos que, direta ou indiretamente, contribuíram para alcançarmos resultados positivos.

Para isso olhe atentamente para todo o caminho trilhado, as coisas que você viveu antes e depois do resultado, e cuide para que você não se perca na artimanha do próprio ego.

Queira aquilo que realmente lhe pertence, pois se é seu ninguém o tomará, e será uma questão de tempo a solidificação de quem é realmente merecedor do que se está em questão.

Esteja atento também ao cenário que se prepara a sua frente, podendo assim antever possibilidades de mudanças de comportamentos e, até mesmo, de rotas.

Outra coisa que ajuda é ter alguém que possa ser fonte de luz e inspiração, podendo ser um mentor, um amigo ou até mesmo um líder, para que você tenha a ajuda de alguém todas as vezes que você rompa seu ciclo de sucesso.

Eu tenho alguns mentores e um deles eu encontro todos os dias quando estou recluso em meu universo íntimo, e para ele peço que me ilumine e que me dê sabedoria para que eu não atrapalhe o meu sucesso, pois eu sei o quanto sou capaz de me ajudar e na mesma proporção de atrapalhar-me.

Para encerrar, afirmo a você que lê este artigo que uma das leis universais é que tudo o que você fizer ou deixe de fazer terá uma resposta, pois o universo não deixa nada sem a devida resposta.

Pai, mãe eu amo vocês!

O que aconteceria se você nunca tivesse ouvido isso de seus filhos e de repente eles chegassem em casa com essa declaração de amor? Quais as suas reações e o que você diria?

Quando faço essa pergunta as pessoas alguns me respondem que isso seria maravilhoso e que desejam a anos ouvirem essa declaração dos filhos.

Saiba que refletir sobre isso vai além de apenas achar que seria maravilhoso, pois em comunicação é preciso haver uma via de mão dupla.

Durante muito tempo ensinamos as crianças que a comunicação se dava quando uma pessoa falava e a outra escutava, e quando não acontecia o entendimento era porque o ouvinte não tinha prestado atenção na mensagem.

Hoje sabemos que a comunicação deve ser uma ação que precisa da participação de todos os envolvidos ativamente, não apenas um falando e o outro ouvindo, mas ambos emitindo e recebendo mensagens o tempo todo, mesmo que não seja verbalmente.

Portanto, ao ouvir um eu te amo de seus filhos, saiba que qualquer que seja a sua ação ou reação, pode incentivá-lo a repetir o comportamento sempre que desejar ou até mesmo inibi-lo, mesmo que tenha vontade de fazê-lo.

Realizo um treinamento de autoconhecimento no Brasil e na Europa chamado DL (Desenvolvimento e Liderança) que faz as pessoas se reconhecerem enquanto seres humanos, e nessa condição se fazem necessárias as trocas de carícias e reconhecimentos, sobretudo entre pais e filhos.

Já ouvi vários relatos de pais desejando ouvir um eu te amo de seus filhos, mas não o fazem ou não ensinaram os mesmos a fazerem, e provavelmente isso vem se repetindo ao longo de suas gerações.

Certa vez um jovem, que havia acabado de sair do treinamento, ao chegar em casa reuniu os pais e fez uma linda declaração de amor a eles e recebeu dos mesmos reações adversas, acusando-nos de termos feito até lavagem cerebral no filho para que ele tenha chegado com esse comportamento.

Quando escuto isso até brinco, pois se houve uma lavagem cerebral significa que agora está limpo.

Você que é pai ou mãe e lê este artigo agora, pratique esse comportamento e incentive seus filhos a fazerem o mesmo, assim estarão contribuindo para a construção do seu mundo com mais amor e carinho e a consequência disso será uma família mais harmoniosa e com vontade de cuidar uns dos outros.

Aproveito para dizer a minha mãe e ao meu pai que os amo e que sou grato pelo maior presente que eles poderiam ter me dado que é a VIDA!

Quem é o melhor amigo do homem?

Há quem diga que é o cachorro, outros o próprio bolso ou ainda ele mesmo!

Estava eu chegando para tomar café no hotel que realizo o treinamento DL (Desenvolvimento e Liderança), em Sergipe, e ao lado do restaurante tem alguns brinquedos e lá estava uma linda garotinha de mais ou menos uns quatro anos brincando e ao seu lado sua mãe. O que era para ser uma coisa normal, senão fosse o fato da mãe estar falando ao celular.

Você deve estar se perguntando o que há de anormal numa mãe falar ao celular enquanto sua filha brinca em alguns brinquedos?

Exatamente, não era para ter nada, principalmente, no mundo de hoje, porém comecei a tomar o café e levei como de costume 30 minutos, e adivinhe onde estava a criança e sua mãe? No mesmo lugar! A criança brincando e a mãe continuava no celular.

Depois de uns 45 minutos, a criança chamou a mãe e disse que estava com sede e a mãe, sem tirar o celular do ouvido, levou a filha para o restaurante e pediu água para a filha, ainda falando ao celular, conversou com a moça do restaurante e continuou a falar no celular, abriu a água e colocou no copo, continuando a falar ao celular, entregou a água a sua filha e a colocou sentada na mesa e continuou a falar ao celular. Foi até a mesa pegar algumas "guloseimas" para a filha, mas continuou falando ao celular.

Eu saí do restaurante e fui para o quarto, e quando saí para voltar ao salão de eventos encontrei-me no corredor com a criança e a mãe, que para minha surpresa continuava falando ao celular.

Alguma dúvida sobre quem é o melhor amigo dessa mãe?

Pois é! Estamos cada vez mais dependentes desse aparelho e muitas vezes nem percebemos isso. Há pessoas que fazem do seu celular uma verdadeira extensão do próprio corpo e sofrem até abstinência quando estão sem o aparelhinho.

A indústria dos aplicativos e serviços *mobile* cresce vultosamente e, por eles, as pessoas estão cada vez mais dependentes.

Eu costumo dizer que tudo na vida tem dois lados, o bom e o que pode trazer problemas, não estou aqui demonizando a tecnologia e propagando uma campanha contra o celular, e sim uma relação mais saudável com tudo ao seu redor e uma utilização mais produtiva de seu celular e de seu tempo, pois acredite temos tempo suficiente para fazer tudo o que queremos.

E quanto ao meu melhor amigo, como eu não tenho cachorro, continuo acreditando que sou eu mesmo!

Quem é o responsável na comunicação pelo resultado gerado?

Certa vez, ouvi uma piada em um show de humor que o rapaz havia pedido para que sua secretária do lar procurasse na cozinha uma garrafa de *Coca* e a moça retornou dizendo a ele que não havia nenhuma, pois estavam todas em pé! Lógico que se trata de uma piada, mas poderia ser verdade, pois analisando o pedido dele de forma literal ela estava certa, já que no nordeste esse termo "de coca" significa de cócoras ou agachado.

Deixando a piada de lado, a falta de uma comunicação adequada ou o resultado que essa comunicação gera é um dos maiores problemas enfrentados por pessoas e empresas no mundo inteiro.

E como resolver isso?

A princípio se você quer mudar algo deve antes conhecer o que quer mudar, ou seja, neste caso a comunicação!

Em qualquer processo de comunicação temos três componentes: O emissor, a mensagem e o receptor. É exatamente no *gap* entre o emissor para o receptor que está a mensagem, que nem sempre o receptor a recebe como o emissor deseja, e é aí que está o ruído.

Vamos dividir essa mensagem em partes para melhorar o entendimento dela. 7% da comunicação são as palavras, 38% é tom de voz e 55% é a linguagem corporal, olhando para essa divisão em percentuais nos permite perceber o que se faz necessário darmos mais atenção.

As palavras têm uma importância menor do que como você as usa, ou seja, não o que você fala, e sim como você fala. E assim, em um grau ainda maior está a sua linguagem não verbal, pois se o que está verbalizando estiver diferente do que seu corpo está comunicando o ruído será ainda maior. Para diminuir os ruídos na comunicação é preciso estar tudo em harmonia.

Só isso me torna um bom comunicador? Ainda não, é preciso aprofundar mais. Vamos lá!

Ao longo da sua vida você vai lidar como vários interlocutores e, assim, será necessário diversificar o seu repertório na sua comunicação. Todos nós usamos para entender o mundo e o que está acontecendo nele os nossos sentidos, que são: visão, audição, tato, olfato e paladar.

Cada pessoa enxerga as coisas, percebendo o que está a sua volta, escutando de acordo com o seu sentido preferencial.

Existem pessoas que preferencialmente usam o visual e precisam de imagens para entender e absorver bem a mensagem.

Outros preferem o auditivo e constroem o seu mundo usando os sons.

E por fim, existem os que buscam as sensações, absorvendo as coisas através do tato, paladar e olfato.

Na verdade usamos todos os sentidos, mas como eu falei existe aquele preferencial!

Além disso, um outro componente importante que usamos na comunicação é o nosso sistema nervoso que nos ajuda a conviver com esse turbilhão de informações, que somos bombardeados, filtrando o que é importante e descartando o que não, ele entende o que não precisamos.

Pronto, agora você já tem informações importantes para melhorar a sua comunicação: Mas só isso basta? Ainda não!

Vamos entrar no processo de comunicação em si.

Antes de mais nada é preciso acreditar que a responsabilidade da comunicação será sempre do comunicador e que não existem erros, e sim resultados, sejam eles os desejados ou não.

Para ser um bom comunicador, primeiro, descubra qual o sentido que usa preferencialmente. Se você usa o visual, sua comunicação será focada nas imagens, mas se usa o auditivo será nos sons e se está preferencialmente usando o sinestésico a experiência precisa ser através das sensações. O bom comunicador é o que consegue usar o canal de acordo com o seu interlocutor, aproximando-se ao máximo do canal preferencial dele, criando uma verdadeira sintonia nas palavras, no tom de voz e, principalmente, na linguagem corporal.

Para descobrir o canal preferencial das pessoas com quem você se comunica, observe quais palavras elas usam com mais ênfase e frequência. Isso será uma boa pista, pois existem palavras que revelam como as pessoas estão pensando, ou seja, se elas usam imagens, sons ou sensações.

Só existe essa forma de descobrir? Não! Mas isso é um assunto para outro artigo.

Remando contra a maré

Essa semana visitei um amigo publicitário e o mesmo me perguntou se com o cenário atual estava mais fácil ou mais difícil encontrar pessoas para participar de nossos treinamento. E eu pensei um pouco sobre nossos resultados e minha resposta foi: "acho que estamos passando por fora desse cenário, pois estamos nos mantendo bem e em crescimento."

O mesmo me confidenciou que os seus negócios começaram a sofrer ainda em dezembro do ano passado.

Ao sair de sua empresa comecei a refletir sobre isso e tive uma enorme sensação de estar remando contra a maré, e se fosse em outras circunstâncias isso me deixaria preocupado e trataria de mudar o curso.

Porém fiquei muito feliz por saber que eu estou indo contrário a essa maré e remarei a todo custo contra ela, e tenho certeza de que conseguirei passar por fora e nossos resultados serão sempre os melhores.

Antes que você diga que trata-se de uma miopia, de otimismo exagerado, peço que continue lendo este artigo.

Em outros momentos, eu seguiria ouvindo, avaliando e me pautando sobre as informações divulgadas na mídia, pois assim eu estaria atualizado e os riscos de ter problemas seriam amenizados.

Ledo engano, pois essa mídia disseminadora de notícias ruins e apocalípticas tem interesses e propósitos para tal e, hoje, quando eu mesmo faço minhas observações, determino meu foco de atuação sempre buscando desenvolver ações que vão totalmente contra a grande maioria, pois como disse Wall Disney, "é lá que a concorrência é menor."

Eu costumo determinar meu foco de trabalho sempre quando vamos começar um novo ano, e esse ano, como já publiquei em outros artigos, é o do equilíbrio e tudo o que fiz foi buscando equilibrar minha vida pessoal e profissional e é exatamente isso que está acontecendo, daí o fato de ter certeza de que o que digo aqui não se trata apenas de otimismo exagerado, mas sim de ações concretas e de grande resultados.

Não estou sozinho nisso, pois tenho uma grande equipe em vários lugares do Brasil e da Europa e vejo que muitos deles estão seguindo junto comigo, ombro a ombro e remando contra a maré.

Vamos continuar e convido você que ler este artigo e se juntar a nós! Sabe para onde vamos? Para onde a grande maioria quer ir, mas não tem coragem, pois remar contra a maré exige muito esforço.

Todos temos obrigações!

Você já parou para pensar sobre o que veio fazer nesse mundo?

Eu já! E acreditem a resposta é mais óbvia do que se imagina. Muitas pessoas ao pensarem nessa resposta buscam verdadeiras teses filosóficas e profundas e acabam se distanciando mais ainda da resposta.

Vou te ajudar aqui a pelo menos perceber onde encontrar a resposta. Começando pelo princípio de tudo.

Sua conquista a essa dádiva chamada vida, já foi uma grande jornada e que te diferenciou e o tornou um vencedor. Depois você passou um tempo sendo preparado para chegar de fato e daí veio outra jornada que podemos chamar de milagre da vida.

E ao se encontrar com o mundo em que vivemos, veio outra jornada que se fez necessário, e até hoje se faz, estar com outras pessoas e, por isso chamamos ela de convivência.

Depois dessas pistas dar para perceber onde a resposta da primeira pergunta se encontra?

Ainda não?

Vou te dar outras pistas. Dessa vez mais fáceis!

Quantos iguais a você existem no mundo?

Em quais ambientes você está inserido?

Quais são os seus comportamentos nesses ambientes?

Quais as suas capacidades hoje?

No que você acredita?

A quem mais você está ligado?

Com essas respostas em mãos acredito que você já seja capaz de perceber onde encontrar a resposta da primeira pergunta.

Ainda não?

Puxa! Então vou ser mais específico.

Escreva a seguinte frase:

Eu (coloque o seu nome) sou único, tenho uma família que mereço e posso contribuir para ser melhor, sou capaz de ser sempre um humano extraordinário cuidando das pessoas a minha volta, principalmente, daquelas que eu amo e que me amam também, pois assim estarei contribuindo para um mundo cada vez melhor.

Ufa! Agora você sabe qual o motivo de estar aqui e saber disso te traz a responsabilidade e a obrigação de ser FELIZ!

Você é bom de matemática?

Um médico psiquiatra fazia testes com alguns internos do sanatório público, com o intuito de saber se os mesmos estavam prontos para receberem alta.

O primeiro paciente chegou a sala do teste e o médico já o indagou: você é bom de matemática? E o paciente respondeu sem vacilar: sim, pode perguntar doutor. O médico pergunta: quanto é seis vezes seis? O paciente pensa um pouco e responde: 74! O médico indefere o pedido de alta do mesmo e o manda de volta para o hospital.

Entra na sala outro paciente e o médico faz as mesmas perguntas e as respostas são praticamente as mesmas, com exceção do resultado que o paciente responde: é terça-feira! E o médico já o manda para a sala de medicação, pois o quadro estava crítico.

Entra o terceiro e último paciente e o médico faz as mesmas perguntas que havia feito aos pacientes anteriores, mas sem muitas expectativas de respostas diferentes. E para a surpresa do médico a resposta desse paciente estava correta. E o médico ficou muito feliz, pois achava que ia dar alta para o mesmo, mas para finalizar o novo diagnóstico pergunta ao paciente: você acertou o resultado, porém me diga como fez isso? E o paciente responde: doutor foi muito fácil, eu peguei terça-feira e dividi por 74.

Tirando a piada da estória acima, me responda qual é o resultado para a seguinte operação?

Alegria + Entusiasmo + amor =?

Essa semana fui ao Piauí lançar o mais novo desafio de minha vida: Ser âncora do programa de televisão Líder Piauí, que irá ao ar todos os domingos às 10h30 da manhã pela TV Antena 10, afiliada da Record no Piauí. É algo muito novo na minha vida, ser apresentador de televisão, porém aceitei por entender que poderei contribuir com a evolução de mais pessoas e numa escala maior. O lançamento foi maravilhoso e talvez um prenúncio do que ainda estar por vir.

E para vivenciar esse momento memorável, busquei dentro do meu repertório de sentimentos qual estaria levando para esse evento e coloquei em primeiro plano a alegria, depois juntei com o entusiasmo de poder realizar mais essa regra de ouro em minha vida e, por fim, coloquei amor, pois não me vejo fazendo algo sem esse sentimento que transforma qualquer coisa.

E como resultado disso percebi uma enorme PAIXÃO por tudo que estava ao meu redor. Senti ela presente em cada detalhe do que eu fazia e falava, e isso me dava uma sensação de prazer que me preenchia por completo. E foi fantástico!

Aprendi muito com essa operação matemática e coloquei como uma estratégia que passarei a utilizar em cada programa que fizer, e você já pode imaginar o resultado disso.

Na próxima vez que você for fazer algo utilize essa operação: Alegria + Entusiasmo + Amor = PAIXÃO e alcance a alta performance.

Metáforas

A régua e o compasso

Em uma ilha de linhas e traços, sejam retos ou curvilíneas, existia vida e amor. Um dia a convite do maior para ver a menor chegaram outros e muitos outros. Quando se encontraram tentaram juntar as pontas e os meios, e foi lindo de ver o balanço dessa mistura, pois existia um compasso para que através de uma enorme régua se chegasse ao fim do começo.

Todos estavam felizes com tamanha liberdade de criar e festejar, e no meio de todos estavam as mais belas junções, que se uniam através dos sentimentos e cores.

Quando se olhava para o lado via-se sabor, que conseguia levar o doce da vida para quem ainda estava começando a viver ou até mesmo para quem estava acostumado a dizer que vivia.

E como por encanto, a menor ligou seu lindo ponto de luz e bailando foi crescendo, essa que já reluz e ilumina quem chega perto.

Bailar é outra forma que a menor usou para encantar e foi cantando e bailando que fez a maior chorar. E mesmo que fosse por estar em compasso com a régua, os que estavam lá usavam para ver ou ouvir quem ousava se misturar.

Aonde fica esse lugar que se via essa construção de luz, cor e sentimentos? Quem construiu o que podia confundir-se com um castelo?

Você pode até procurar e achar, desde que se use uma régua e um compasso, tudo se constrói quando se quer.

Mas essa estória que se conta aqui em forma de prosa, brota de um coração que se enche do mais puro e nobre dos sentimentos que é a GRATIDÃO.

Por todos os momentos em que se juntam as linhas, os traços, as cores e os sentimentos **SÓ TEM QUE AGRADECER MESMO!**

A cada gota de luz que transborda aos olhos de quem se acostuma todos os dias, de forma infinita, a enxergar o que é melhor ver, **SÓ TEM QUE AGRADECER MESMO!**

Mesmo diante de pontas afiadas, capazes de ferir o mais grosso de todos os tecidos, encontram-se escudos nas mãos de anjos que protegem e cuidam, **SÓ TEM QUE AGRADECER MESMO!**

Com todas as linhas e curvas dentro de uma ilha ou fora e recebendo tudo que merecem e esse recebido compartilha, se faz o quê? **SÓ TEM QUE AGRADECER MESMO!**

O maior, a menor, a régua, o compasso e todos podem ter certeza que a melhor coisa é sempre AGRADECER.

Por todos esses momentos que estivemos juntos aqui e em vários lugares nesse ano, que pra mim foi o ano da PROSPERIDADE, o meu muito OBRIGADO!

E que venha o ano do EQUILÍBRIO!

O Nada foi o Sempre!

Em um pequeno mundo de fantasias existiam dois grandes personagens: o Nada e o Sempre. O Nada era alguém muito evitado por todos e o Sempre era desejado e procurado por muitos. Um dia, sem saber, eles quase se encontraram e tudo que se via era apenas uma possibilidade de buscar entendimento do que nem se quer existia.

Todos no pequeno mundo sem perceber desejavam que o Nada fosse o Sempre, mas como um não complementa o outro fizeram confusão e acabaram por distanciá-los mais ainda.

Perto de lá viviam também muitos outros personagens como o Misterioso, o Quase, o Talvez, o Impossível, o Sonho e, até mesmo, o Tempo.

O mais sábio deveria ser o Tempo, mas para todos no pequeno mundo que evitavam o Nada e tinham como busca o Sempre passavam a acreditar que sábio era o Talvez, por ser aquele que mais se aproximava do se afastar do nada.

Um dia o pequeno mundo foi invadido por dragões, luas, sóis, sombras e um tenebroso e obscuro vazio passou a dominar o Misterioso, o Quase, o Talvez, o Impossível, o Sonho e o Tempo.

Todos passaram a temer o Sempre, pois ninguém agora o queria por perto, sendo que antes era imensamente desejado. E na busca incessante pelo Nada todos no pequeno mundo, sem nem perceber, estavam agora distantes do que desejavam ou pelo menos imaginavam que desejavam.

Mas foi aí que ressurgiu, de onde menos se esperava, uma possibilidade de todos se encontrarem e desse encontro saiu apenas o que realmente importava a Certeza.

A Certeza era uma heroína que mesmo sem ser o Sempre, ela também não era o Nada e com as suas armas de luzes deu uma nova e imensa esperança para aquele pequeno mundo, que nem em seus maiores imaginativos desejos acreditava ser possível.

O Rei e o Sábio

Um certo dia, o rei andando pelo seu reino avistou uma pedra que por algum motivo o fez lembrar do seu amigo sábio que há muito tempo não via. Pediu então para o seu súdito procurar o sábio e trazê-lo à presença dele e, assim, foi feito.

O súdito foi ao local em que o sábio morava e realizava seu trabalho, mas não o encontrou, pois havia se mudado para uma outra região. Depois de atravessar todo o reino, finalmente, o súdito encontrou o sábio que o recebeu muito bem em sua nova casa, que apesar de estar em uma região distante era muito acolhedora.

"Meu sábio, o rei quer reencontrá-lo e pediu-me que viesse buscá-lo", esbravejou o súdito.

Calmamente o sábio olhou nos olhos do súdito e perguntou-lhe: "Mas porque ele não vem até a minha nova morada?".

O súdito sem "vacilar" respondeu: "Ora meu sábio, o senhor acha que o Rei vai vir por essas bandas?".

O sábio parou olhando para o horizonte, como quem procurava algo, e respondeu: "Eu acho que sim! Pois com toda a nobreza que lhe é peculiar e depois de tudo que vivemos e evoluímos juntos, o Rei irá entender que em qualquer lugar que ele for ou estiver sempre continuará sendo um Rei. Transmita isso a ele." Pediu o velho Sábio.

E para a surpresa do súdito, o Rei ao receber a resposta do Sábio cuidou em ir ao encontro do velho amigo, deixando de lado toda a soberba e o preconceito com o lugar.

O Respeito

Em um lugar não tão distante e perto de se imaginar, morava uma família que era formada por um pai, uma mãe e alguns filhos. Existia algo que os unia e fazia com que eles buscassem conviver harmoniosamente e que os motivava a continuar acreditando na união.

Com o tempo, eles foram se conhecendo mais e, por poucos ou por nenhum, todos passavam a se questionar o que se fazia e como se fazia o que se fazia.

A resposta nem sempre se entendia, pois alguns deles pensavam que já tinham o que nem sabiam que tinham, e quando buscavam realmente não tinham.

Chegaram a tal ponto que o Pai falava, mas os filhos sem olhar para todos e somente para si mesmos imaginavam que ele só fazia o que fazia para não fazer.

Estava cada vez mais difícil entender que o que se pretendia era a harmonia e quando se pensava ou se falava, rebatia-se mesmo sem falar nenhuma palavra.

Os resultados foram se formando e se organizando para apenas alguns poucos e os muitos passaram a culpar o que se dizia privilegiar, e mesmo o pouco, que estava se tornando muito, de vez em quando se enchia de saber e realmente quando se procurava só sabia o que a maioria sabia.

Com muita vontade de continuar, o Pai ao falar conseguiu desbravar e o que antes se tinha como difícil tornou-se tão fácil que se fez mudar, sem nem antes os outros entenderem o que aconteceu.

O fato é que existiu e prevaleceu uma única coisa que os fizeram se manter como família e com a certeza de que se um dia se imaginassem voltar ou se afastar sempre fariam parte de um todo e com as mesmas dúvidas. E talvez alguns poucos resultados, onde poucos faziam o muito, mas ainda assim o todo se enchia de RESPEITO.

Quem mais me entende!

Em um mundo que predominavam as retas, se formavam círculos, quadrados, triângulos, losangos e retângulos, porém vivia lá um ponto, que de vez em quando se rebelava e se estendia formando um entrelaçado de retas uniformes e desinforme.

Mas quando podia se apagava, e ele que havia se entrelaçado voltava a ser apenas um ponto.

Todos então ficavam aliviados, por saber que mesmo sem querer, ele (o ponto) voltava a ser ele mesmo, só que agora com pontos que antes eram um, e agora se faziam muitos.

Em uma dessas transformações ficou um tanto de dúvidas e vontades e a que mais brilhava era: Quantos pontos precisam para se ter um mundo bidimensional? Ou tridimensional? Existe algo a mais para entendermos o que está além de um ponto?

A resposta passou a ser perseguida e quanto mais o ponto tentava se fixar em algo para romper o que acreditava ser possível, mais ele entendia que sem ele, o ponto, não existia início, meio e fim.

Ele entendeu que por mais que se acredite que se faz necessário, muitos ou até mesmo milhares iguais a ele, para se ter esse mundo além das retas, ainda sim é dele e somente dele que se pode ir ou vir e até mesmo se encontrar para daí romper a reta que insiste em ser apenas ela.

Mas nesse mundo havia vários outros encontros de retas que se formavam de maneira perfeita ou imperfeita e davam vida e forma aos que se comparado ao ponto e a reta não são perfeitos ou até mesmo imperfeitos, mas que só por existirem já podem ser considerados um conjunto de pontos que assim podem ser referência de ir e vir, mas que ao se seguir não se chegará a lugar nenhum.

Quem é ou pode ser esses pontos ou essas retas?

Não há um mundo que não se chega a ponto nem a reta alguma, uma só referência, o que há é muita vontade de se chegar e até de se ver enquanto ponto e reta.

Olhe ao redor e perceba que nesse mundo, que predomina a reta, para se formar outras formas só existe apenas o ponto.

Um país chamado carinho

Era uma vez um pequeno país que se chamava carinho e nele sua população estava acostumada a desbravar caminhos desconhecidos e, assim, construir pontes para unir seu país com outros.

Mas durante algum tempo aquele país foi acometido pelo poder de poucos e viveu um período dominado pela incerteza e imposição, e o que se imaginava ser carinho passou a ser dúvida e todo o seu povo se perguntava se algum dia seriam capazes de mudar aquela inimaginável realidade que parecia ser irreal.

Em um certo dia, que parecia ser como todos os outros, chegou um peregrino de uma terra distante convidado por outros, porém irmão do pequenino país, trazendo em sua bagagem um enorme livro. E saiu espalhando para o povo que trazia consigo segredos capazes de mudar toda aquela história que o país estava vivendo.

Muitos moradores duvidaram do peregrino, mas alguns deram ouvidos e foram em busca de conhecer esse conhecimento.

O peregrino, que havia adquirido o livro em seu país, começou a abri-lo para aquele povo e foi mostrando a todos o quanto o carinho que eles tinham como nome do seu país, na verdade representava o que eles tinham de melhor dentro de si.

E começou uma mudança, as pessoas passaram a ficar junto do peregrino levando outros moradores para conhecerem o livro.

E assim passou-se um ano e todos os que haviam lido o livro estavam conscientes do seu poder de melhorar e usar sempre o que tinham dentro de si, trazendo a possibilidade de viverem o que mereciam, que era sempre o melhor!

O peregrino estava feliz por haver ali com ele outros capazes de continuar a partilha de toda a sabedoria contida no livro e, assim, era chegada a hora de levar todo aquele conhecimento para outros lugares.

E ao se preparar para sua partida, o peregrino percebeu que um enorme sentimento invadia seu coração e que não era apenas o carinho, mas um sentimento ainda maior e que começava a se misturar a outros sentimentos que foram gerando outros e mais outros, e ele percebeu que ao partilhar com aquele povo todo o conhecimento do livro, ele havia sido tomado de amor por aquele país e, principalmente, por aquele povo.

O peregrino então pegou um pouco de cada um que ele havia conhecido e colocou dentro de uma caixinha dourada e guardou-a em um lugar muito seguro para que todas as vezes que ele sentisse falta daquele povo pudesse pegar o que havia guardado de cada um para assim lembrar do quanto foi importante para a sua vida conhecer aquelas pessoas e aprender com todas elas.

Ele então escreveu em uma linda faixa com letras garrafais uma frase que aprendeu: UM BEM HAJA A TODOS!

Você é meu convidado, você sabe para quê?

Existia uma fazenda cheia de coisas e fatos e lá vivia-se o que podemos chamar de amizade e, em nome dela, se convidou e esperou que uma coisa se transformasse em outra.

Durante um pequeno período de tempo se viu o que não se imaginava ver, mas o que realmente era, principalmente, quando se chegava mais perto.

O que foi convidado achou que poderia mais do que realmente poderia, e tentou de todas as formas, cores e gestos mostrar o que não tinha, mas por muito tempo e por distanciamento ser o que não era parecia fácil e necessário.

Os que já estavam esperavam receber o que haviam deixado, e sem entender o que acreditavam antes não era mais a verdadeira cor do que estava sendo pintado. Tristes e saudosos se perguntaram onde estava a cor antes pintada, e quando se busca algo que realmente não existe se encontra o que de fato é alimentado.

Em uma fazenda quando se quer algo se busca perto ou até mesmo dentro dela, mas nunca fora, pois lá onde se imagina ter normalmente falta muito.

Mas o bom de se ter uma fazenda, é que tudo que lá acontece pode ser aproveitado, mesmo o que está distante do que realmente precisa. Ainda sim, pode servir como forma de não fazer o esperado.

Essa fazenda é uma fortaleza que dentro dos seus muros e cercas estão todos vivendo harmonicamente e o que se faz é para o outro ou ainda os outros e não para si mesmo.

Você é meu convidado, sabe para quê? Para aprender, ao invés de ensinar!

O difícil dessa arte é perceber que quando se tem muito ou pelo menos se imagina ter acaba-se fechando os olhos e o coração para o que se pode vir a receber.

Quando se falar de evoluir deve-se ter a certeza que só há evolução quando se abrir, mesmo que seja mínimo ou do tamanho que for, mas possa vir a se somar com o todo.

Nessa fazenda ainda cabe voltar, desde que seja para somar e somar muitas vezes significa dividir, e para que dessa forma se some e se multiplique e de fato a evolução alcance.

Qualquer um que leia essa estória pode e deve se imaginar como o convidado, os que já estavam ou, principalmente, como os que podem vir a ser convidados. Sabe para quê? Para "se melhorar".

Coletânea

de
Frases

(Marcos Mazullo)

- *Quantas vidas eu tiver vou querer ser quem sou e fazer o que faço, pois não importa em que tempo e nem lugar, o resultado de ser quem eu sou é o de viver e semear o amor!*

- *Ouço os sons do meu corpo e percebo a perfeita harmonia orquestrada pelo maestro, que é o meu coração e sua batuta é o amor!*

- *A subjetividade do meu mundo me torna responsável por criá-lo com abundância e harmonia, e recriá-lo melhorando sempre.*

- *As pessoas querem viver as coisas no passado ou no futuro, mas é no presente que se vive plenamente as coisas.*

- *O melhor caminho é aquele mais ecológico, ou seja, bom para você e para os que estão a sua volta.*

- *Respirar, além de vida nos traz harmonia e nos conecta com o nosso divino.*

- *Aprendi que se eu colocar energia no que é meu, posso em seguida compartilhar com os outros, mas tem que ser exatamente nesta ordem!*

- *Existe um instante mágico quando estou comigo mesmo, pois percebo que as cores ficam mais vibrantes se eu estiver com o pincel na mão.*

- *Você só pode pedir para alguém ser o que você é sozinho.*

- *Afastar-se do que é belo e puro usando a desculpa do vil, o faz igual a maioria dos homens.*

- *Quando temos o bem como um de nossos valores e o fazemos de coração, o que nos acontece é exatamente proporcional a ele.*

- *Não me culpe pelos seus insucessos, me culpe pelos meus!*

- *Uma vez um sábio me disse: "Mazullo quando encontrar alguém de bom coração siga-o, pois estará com os teus iguais". Como eu acredito nisso!*

- *Viver uma vida de liberdade e poder escolher que emoção utilizar em cada situação vivida, é olhar para os fatos sem dar significados.*

- *Para eu levar evolução a alguém tenho que buscar minha evolução, daí com meu exemplo talvez os que estão ao meu redor queiram também!*

- *Quando vamos a algum lugar devemos nos dotar de nossos melhores recursos, assim as pessoas sentirão que somos melhores do que imaginavam!*

- *Sempre procuro as respostas que influenciam meus resultados dentro de mim e o que mais me emociona é que elas sempre estão certas!*

- *Eu mereço a vida plena e maravilhosa que tenho, pois sou o maior responsável por ela. Como é bom saber disso!*

- *Somos indivisíveis de Deus, se estiver distante dele estará distante de si mesmo!*

- *Saber a hora de ir é importante, mas saber a hora de ficar é fundamental!*

- *A mesma oportunidade é dada a todos, cabe a cada um decidir o que fazer com o tempo que lhe é concedido!*

- *Viver cinco dias da semana torcendo para que chegue dois é como ver a vida passar e ficar feliz por estar apenas passando por ela.*

- *O Universo se movimenta e sempre busca mudar as condições e abre novas pespectivas. Para enxergá-las você deve encher o seu coração de amor!*

- *Quando se está trabalhando, realizando a missão de vida, a satisfação é plena e a vontade de continuar se renova a cada instante. Viva isso!*

- *Seja amigo de suas emoções e elas te ajudarão a conquistar seus sonhos!*

- *Melhore a qualidade de seus pensamentos e o resultado disso é uma vida melhor!*

- *Se emocionar é sentir raiva, medo, tristeza e alegria. Quando acontecem, o melhor é agir com consciência, ao invés de reagir inconscientemente.*

- *Viver uma vida livre é viver decidindo por si, o que e quando desejar! Seja livre, pilote seu avião e viverá sua missão com plenitude.*

- *Não sei quantas e nem especificamente quem meu trabalho beneficia, só sei que quando se aproxima um novo trabalho minhas forças se renovam.*

- *Independente do lugar, as pessoas buscam a mesma coisa, mesmo que inconscientemente, ser feliz!*

- *Respire grande e prazerosamente e isso vai levá-lo ao equilíbrio entre mente e corpo, te colocando em contato com sua essência.*

- *Acordar e saber que mais pessoas respiraram melhor com a minha existência, me conecta ainda mais com minha essência. Agradeço ao Criador!*

- *Qual a relação entre os ciclos abertos e os que você conseguiu fechar? Fechar ciclos abertos significa concluir projetos e alcançar êxitos!*

- *Renascer é reviver seu nascimento conscientemente para que possa resignificá-lo, transformando-o em um momento prazeroso e fortalecendo a sua vida!*

- *O Líder lidera pelas ações e pelo exemplo! Pois se for diferente ele corre o risco de ficar sozinho. Pense nisso!*

- *O que mais me encanta nessa viagem chamada vida, é que eu sou o comandante dela e descido para onde quero ir e quem vai me acompanhar.*

- *O meu melhor obrigado é saber que você está vivendo uma vida plena, de harmonia, conquistas e amor.*

- *Você sabe a diferença entre estar feliz e ser feliz? Um te faz uma pessoa inspirada e o outro uma pessoa inspiradora, respectivamente!*

- *Quantas oportunidades de ser uma pessoa melhor a vida te deu? E quantas você disse sim? O simples fato de conhecer alguém pode ser uma!*

- *O sabor de conquistar as coisas pelo proprio mérito é indescritível, é uma felicidade que me remete aos meus tempos de criança. Viva isso!*

- *Quanto tempo é necessário para fazer uma vida valer a pena? Podem ser milésimos de segundos, pois é o tempo que se leva para dizer um sim ou não.*

- *Se soubermos focar na busca do que queremos, alcançamos. Se sairmos em busca de algo para querer, nos perdemos. Foco para mim é tudo!*

- *O que ou quem faz as pessoas se encontrarem para juntos evoluírem? Me pergunto isso em todo DL! Às vezes encontro a resposta, mas às vezes não.*

- *Quando você vê alguém do seu lado feliz e realizado, como se sente? Preste atenção as suas reações íntimas, pois são as verdadeiras respostas.*

- *Tudo o que fazemos na vida gera um resultado, podendo ser um resultado desejado ou não. Até mesmo a inércia!*

- *Para mim, dia produtivo é aquele em que eu aprendo algo novo! Isso faz com que eu esteja sempre evoluindo.*

- *Devemos buscar sempre alternativas para alcançarmos nossos objetivos, mesmo que pareça impossível, pois as possibilidades são infinitas.*

- *Tenho a consciência de que estou aqui de passagem e por isso tenho a obrigação de cuidar do universo para os outros passageiros, pense nisso!*

- *Já ouvi muita gente falar em ter inimigos, prefiro pensar que tenho pretensos amigos! É só uma questão de oportunidade de nos conhecermos melhor.*

- *Pensar no quanto eu posso ser feliz me deixa mais encantado com o milagre da vida, pois tenho a certeza de que posso ser feliz enquanto viver.*

- *Você sabe para onde está focada a sua energia? Pois é para lá que suas intenções inconscientes estão indo e isso influencia os seus resultados.*

- *Qual a diferença entre o porquê de uma criança e o porquê de um adulto? A criança pergunta por não saber e o adulto para contestar!*

- *Olho sempre o que acontece comigo numa posição de terceira pessoa, assim consigo perceber o que estou tendo e influencio os meus resultados.*

- *Hoje acordei com vontade de ser sempre eu, pois sei que assim vou continuar evoluindo, buscando ser cada vez melhor para mim e para os outros.*

- *O que faz alguém acreditar na impossibilidade de realização dos seus sonhos? Acredito que o esforço para acreditar na possibilidade é o mesmo.*

- *Acabei de descobrir o óbvio sobre a internet, ela faz dos anônimos celebridades em evidências personalizadas. Isso a torna um lugar de muitos!*

- *Quantas vezes hoje você pensou em um sonho? O pensamento é um dos componentes para a realização deles!*

- *Me acompanhe nessa viagem chamada vida, que iremos juntos para um lugar especial chamado EVOLUÇÃO.*

- *As pessoas buscam nas frases feitas inspirações para as suas vidas. Você pode criar suas próprias inspirações, suas frases serão mais verdadeiras.*

- *Ter uma família harmoniosa é fundamental para manter o equilíbrio. E essa harmonia se constrói em primeiro lugar com o amor próprio.*

- *Quando buscamos evoluir, estamos fazendo valer a nossa existência!*

- *Uma boa estratégia para aumentar o seu valor é valorizar o que e quem está ao seu redor! Comece valorizando a sua cidade, seu bairro, sua rua, sua casa e, em especial, as pessoas que o cercam.*

- *Por onde passar deixe gratidão e para onde for plante prosperidade!*

- *Enquanto estiver distante da sua essência mais confusão mental viverá, mas quando se aproximar e for capaz de tocá-la viverá a plenitude.*

www.ingramcontent.com/pod-product-compliance
Lightning Source LLC
Chambersburg PA
CBHW080520030426
42337CB00023B/4581